Topos-Taschenbücher
Band 62

Topos-Taschenbücher

40. H. Mühlen, Einübung in die christliche Grunderfahrung I. Lehre und Zuspruch
41. R. Guardini, Der Weg zum Mensch-Werden
42. J. Hoffmann-Herreros (Hg.), Weihnachtsgeschichten I
43. M. Oraison, Jesus Christus – der Tote, der lebt
45. D. Albrecht (Hg.), Katholische Kirche im Dritten Reich. Eine Aufsatzsammlung
46. K.-H. Bloching, Texte über Gott. Anregungen zum Nachdenken
47. G. Bossis, Geht meiner Liebe entgegen. Geistliches Tagebuch II
48. O. H. Pesch, Die Zehn Gebote
49. H. Mühlen, Einübung in die christliche Grunderfahrung II. Gebet und Erwartung
50. G. Greshake, Stärker als der Tod
51. G. Bossis, Er und ich. Geistliches Tagebuch I
52. E. Kock, Franziska Schervier. Zeugin einer dienenden Kirche
53. M. Thurian, Frère de Taizé, Die eine Eucharistie
54. H. Volk, Zum Lob seiner Herrlichkeit
55. H. Müller-Fahlbusch, Leben zwischen Angst und Freiheit. Erkenntnisse und Hilfen aus der Psychiatrie
56. W. Johnston, Zen – ein Weg für Christen
57. E. Iserloh / C. Stoll, Bischof Ketteler in seinen Schriften
58. Mutter Teresa von Kalkutta, Geistliche Texte
59. P. Jakobi / H.-E. Rösch (Hg.), Sport – Dienst am Menschen. Christliche Perspektiven im Sport, Band 1
60. A. Janzing, Ganzheitliche Geschlechtserziehung in Elternhaus, Kindergarten, Schule und Jugendarbeit
61. J.-C. Barreau, Beten als Befreiung statt Drogen und Rausch
62. K.-H. Bloching, Texte über den Sinn des Lebens
63. J. Hoffmann-Herreros (Hg.), Er ist Mensch geworden. Weihnachtsgeschichten II
64. P. Jakobi / H.-E. Rösch (Hg.), Sport – Dienst an der Gesellschaft. Christliche Perspektiven im Sport, Band 2
65. T. Schneider, Wir sind sein Leib. Meditationen zur Eucharistie

Karl-Heinz Bloching

Texte über den Sinn des Lebens

Topos-Taschenbücher

Originalausgabe erstmals veröffentlicht als Topos-Taschenbuch

Wir danken Autoren und Verlagen
für die freundliche Abdruckgenehmigung

CIP-Kurztitelaufnahme der Deutschen Bibliothek

Texte über den Sinn des Lebens / Karl-Heinz Bloching.
1. Aufl. – Mainz: Matthias-Grünewald-Verlag, 1977.
(Topos-Taschenbücher; Bd. 62)
ISBN 3-7867-0644-1
NE: Bloching, Karl-Heinz [Hrsg.]

 1. Aufl. 1977
Reihengestaltung Eschert & Bänder
Satz Studio für Fotosatz, Mainz
Druck und Bindung Clausen & Bosse, Leck
ISBN 3-7867-0644-1

Inhalt

Einleitung	9
Die zärtliche Gleichgültigkeit der Welt	13
Lieben, was wir nicht begreifen können?	18
Teil eines mythischen Kosmos?	25
„Diese unvorstellbare, enorme Müdigkeit“	28
Gegen Verführung	32
Alles ist egal	35
Eisenbahnreisende	39
Die Welt wird enger	41
Melancholie und Skepsis	43
Ein alter Mann	50
„Das Alter ist für mich . . .“	56
Einer redet von Gott	59
Herr K. über Gott	60
Requiem	62
Rettung – Ziel meiner Reise	69
Friedenslied	73
Marter – Tod – Schuld	75
Ein Gedicht zu Ostern	79
„Wenn sie weise sind . . .“	82
Vom Trost und Glück	86
Ich bin meinem Heimatrecht auf der Spur	96
So tief bin ich hinabgefahren	98
Zuflucht	101
Ich	105
Der Engel mit der Laute	107
Kleine Pflanze Liebe	108
Gott	110

An einen Gott glauben heißt, die Frage nach dem Sinn des Lebens verstehen . . . An einen Gott glauben heißt, daß es mit den Tatsachen der Welt noch nicht abgetan ist. An Gott glauben heißt sehen, daß das Leben einen Sinn hat. *Ludwig Wittgenstein*

Ich weiß nicht, wer – oder was – die Frage stellte. Ich weiß nicht, wann sie gestellt wurde. Ich weiß nicht, ob ich antwortete. Aber einmal antwortete ich Ja zu jemandem – oder zu etwas. Von dieser Stunde her rührt die Gewißheit, daß das Dasein sinnvoll ist und darum mein Leben, in Unterwerfung, ein Ziel hat. Seit dieser Stunde habe ich gewußt, was es heißt, ‚nicht hinter sich zu schauen', ‚nicht für den andern Tag zu sorgen'. Geleitet durch das Lebenslabyrinth vom Ariadnefaden der Antwort, erreichte ich eine Zeit und einen Ort, wo ich wußte, daß der Weg zu einem Triumph führt, der Untergang, und zu einem Untergang, der Triumph ist; daß der Preis für den Lebenseinsatz Schmähung und daß tiefste Erniedrigung die Erhöhung bedeutet, die dem Menschen möglich ist. *Dag Hammerskjöld*

Wer sein Leben zu erhalten sucht, der wird es verlieren, und wer es verliert, der wird es neu gewinnen. *Lukas*

Einleitung

Die Suche nach dem Sinn scheint die Frage nach dem Woher und Wohin von Leben und Welt schlechthin, im Großen und Ganzen zu sein. Aber diese Frage stellt sich nicht jedem gleich und ist nicht zu jeder Zeit dieselbe. Im Großen und Ganzen wird die Sinnfindung von vielen nicht global und umfassend ausgemacht, sondern geht in kleinen, unscheinbaren, häufig undurchsichtigen Schritten vor sich. Die in die Tiefe lotende Reflexion ist vielen nicht so entscheidend wie schlichte Ereignisse, banale Erlebnisse, alltägliche Verhaltensweisen, häufig sich wiederholende Mißgeschicke oder die freundlichen, freudigen, die ihn ermutigenden und ihn selbständig machenden Begegnungen – aus solchem erlebten Material formen sich Sichtweisen, Vorstellungen und Einstellungen, Wertungen. Die Komplexität der Sinnfrage und ihre Beziehung zu Einzelerfahrungen verdeutlichen die Texte dieses Buches.

Es ist sicherlich jedem auferlegt, sich und sein Wohin zu interpretieren im Zusammenhang dessen, was er als das Gesamt der Wirklichkeit und seines Lebens zu sehen bekommt bzw. sehen will. Es ist eine ständige und schwierige Aufgabe, sofern sich jemand dafür offenhält. Das sich orientierende Ich erfährt sich nicht als etwas Fließendes, sondern als an Standorten festgemacht. Sie sind selbstgewählte oder/und verordnete, erzwungene, notgedrungene, aufgezwungene oder/und frei gewählte, reflektierte oder/und ereignishaft vermittelte, geschenkte; sie sind dunkel, hell, durchsichtig oder/und undurchsichtig, schicksalhaft oder/und glücklich geschenkte. Diese Worte sind unter Umständen nicht eindeutig und vielleicht kaum in einen Zusammenhang, in eine logische, einsehbare, plausible Reihe zu bringen. Manche Menschen wursteln sich durch, andere dürfen sich gestalten. Dies und ähnliches beinhaltet Sinn.

Jeder hat eine Sinnvorstellung, mag sie ihm zugewachsen, zugefallen oder erworben sein oder so erscheinen oder nur irgendwie –

wer will sagen, wie das „Irgendwie" zu bewerten ist – ihm zugeschoben sein; viele geraten in ihr Leben und in eine Richtung hinein; dem einen ist das beruhigend, selbstverständlich, anderen gerät das Selbstverständliche ins Zwielicht oder gerät in eine Krise. Dem Wachen und Aufgestörten oder bewußt Lebenden ist die Frage nach dem Sinn das Zentralproblem bzw. seine Lebensbasis. Er sucht bzw. findet die Gewißheit über Woher und Wohin, was er tun kann und soll. Im Prinzip ist in der pluralen Gesellschaft eine Entscheidung zu fällen. Sie fällt nicht leicht. Es gibt viele Surrogate, Auswege, Pseudolösungen und viele verschiedene Lebensdeutungen. Eine Art „Supermarkt" von Deutungen liegt vor einem. Umworben, dieses oder jenes sei das Beste, steht er in einem Motivationskonflikt. Entscheidung, Nachfrage sind notwendig und tun not.

Moderne Literatur spiegelt exemplarisch das „Zwischen" zwischen den Erfahrungen und deren Plausibilitätsgründen. Leuchtet dem einen ein leicht-sinniges „Genieße den Tag" ein, so liegen dem anderen Pessimismus, Fröhlichkeit, Skepsis, Melancholie, Selbstauslöschung oder Selbstüberschreitung ins Mysterium nahe. Nach dem Warum der Plausibilität von diesem bzw. jenem zu fragen, legt sich nahe. Sinn ist Sache der Lebensgeschichte, des Herkommens, der Erfahrungen, Einsichten oder/und der Wahl. Die Wege aus der Sinnot und -suche sind Ausflüchte oder befriedigende Antworten. Erfahrungen mit anderen sind ausschlaggebend oder mitbestimmend. Es gibt Knotenpunkte im Leben, fröhliche und erfreuliche und belastende, unter Umständen auch überbelastende. Aber was bindet sich da zusammen, wie und wann und von wem zusammengeknotet und aufzulösen und dann und wie und wann und/oder von wem?
Welcher Problemlösungstyp, intellektuell, emotional, sozial, melancholisch, religiös und/oder nicht – wozu gehöre ich oder nicht und warum nicht? Vielleicht sind diese Typisierungen zu einfach und stereotyp; warum und wieso? Wie sieht meine Differenzierung aus und was bedingt sie; und/oder wohin will ich, vielleicht unter bewußter Absehung der gegebenen Abhängigkeiten

– und ist das ein Weg in eine neue oder/und andere Abhängigkeit bzw. Gegenabhängigkeit?
Der vielbesprochene Sinnverfall und die daraus resultierende Sinnot bzw. die angebotenen Sinnsurrogate thematisieren sich in der modernen Literatur radikal und außerordentlich vielfältig und differenziert. Vielleicht helfen die Texte dem Leser, etwas zu seiner Antwort oder bei der Suche, bei seinem Nachfragen und dem Bemühen um eine neue Sicherheit weiter oder/und bestärken ihn.

Meditieren im Horizont biblischer Sinndeutung

Wie in meinen Büchern *Texte moderner Schriftsteller zur Meditation* (Topos-Tb. 13) und *Texte über Gott* (Topos-Tb. 46) werden hier einzelne Schriftstellen hinter die literarischen Texte und deren Erläuterungen gestellt. Nicht immer wird sich vom Leser eine zwingende Beziehung herstellen lassen.
Ein zweiter Weg, um eine schriftgerechtere Meditation zu erreichen, die weniger punktuell ist, könnte der sein, einen der Paulusbriefe, z.B. den Brief an die Römer, an die Kolosser, an die Epheser oder an die Galater, parallel zu den Texten zu lesen bzw. sich aus dem biblischen Repertoire Texte, die in einem thematischen Zusammenhang mit dem literarischen Text stehen, zu suchen. Hilfreich dabei könnten die Bände aus der Reihe *Geistliche Schriftlesung* (Patmos-Verlag, Düsseldorf) sein.

Die zärtliche Gleichgültigkeit der Welt

Aber plötzlich hob der Priester den Kopf und sah mich an. „Warum", sagte er, „wollen Sie meine Besuche nicht?" Ich antwortete, ich glaube nicht an Gott. Er wollte wissen, ob ich dessen ganz sicher sei, und ich antwortete, ich brauchte mich das nicht zu fragen: ich fände das ganz unwichtig. Da lehnte er sich gegen die Wand, die Hände flach auf die Schenkel gelegt. Er begann zu sprechen, als gälten seine Worte gar nicht mir, und bemerkte, er habe die Beobachtung gemacht, daß man manchmal sicher zu sein glaube, es aber in Wirklichkeit nicht sei. Ich sagte nichts. Er sah mich an und fragte mich: „Was halten Sie davon?" Ich antwortete: das sei schon möglich. Jedenfalls wisse ich vielleicht nicht, was mich wirklich interessiere, ich wisse aber ganz genau, was mich nicht interessiere. Und was er sagte, das gerade interessiere mich nicht.

Er wandte die Augen ab, und ohne seine Stellung zu verändern, fragte er mich, ob ich nicht aus übergroßer Verzweiflung so spreche. Ich erklärte ihm, ich sei nicht verzweifelt. Ich habe nur Angst, und das sei ganz natürlich. „Gott würde Ihnen helfen", bemerkte er. „Alle, die ich in Ihrer Lage gekannt habe, wandten sich ihm wieder zu." Ich mußte zugeben, das sei ihr gutes Recht. Das beweise auch, daß sie Zeit dazu hatten. Ich aber wollte mir nicht helfen lassen; mir fehlte einfach die Zeit, mich für das zu interessieren, was mich nicht interessiere.

Er wollte wieder von Gott sprechen, aber ich ging auf ihn zu und versuchte, ihm ein letztes Mal klarzumachen, daß ich nur noch wenig Zeit hätte. Die wollte ich nicht mit Gott vertrödeln . . .

Da platzte etwas in mir – ich weiß nicht, warum. Ich fing an zu toben und beschimpfte ihn und sagte, er solle nicht beten. Ich hatte ihn beim Kragen seiner Soutane gepackt. Was ich auf dem Herzen

Albert Camus, Das Frühwerk, Karl Rauch Verlag, Düsseldorf 1967

hatte, goß ich freudig und zornig über ihn aus. Er sehe so sicher aus, nicht wahr? Und doch sei keine seiner Gewißheiten ein Frauenhaar wert. Er sei nicht einmal seines Lebens gewiß, denn er lebe wie ein Toter. Es sehe so aus, als stünde ich mit leeren Händen da. Aber ich sei meiner sicher, sei aller Dinge sicher, sicherer als er, sicher meines Lebens und meines Todes, der mich erwarte. Ja, nur das hätte ich. Aber ich besäße wenigstens diese Wahrheit, wie sie mich besäße. Ich hätte recht gehabt, hätte noch recht und immer wieder recht. Ich hätte so gelebt und hätte auch anders leben können. Ich hätte das eine getan und das andere nicht. Und weiter? Es war, als hätte ich die ganze Zeit über auf diese Minute und auf dieses kleine Morgenrot gewartet, in dem ich gerechtfertigt würde. Nichts, gar nichts sei wichtig, und ich wisse auch warum. Und er wisse ebenfalls warum. Während dieses ganzen absurden Lebens, das ich geführt habe, wehe mich aus der Tiefe meiner Zukunft ein dunkler Atem an, durch die Jahre hindurch, die noch nicht gekommen seien, und dieser Atem mache auf seinem Weg alles gleich, was man mir in den wirklicheren Jahren, die ich lebte, vorgeschlagen habe. Was schere mich der Tod der anderen, was die Liebe einer Mutter. Was schere mich Gott, was das Leben, das man sich wählt, das Geschick, das man sich aussucht, da ein einziges Geschick mich aussuchen mußte und mit mir Milliarden von Bevorzugten, die sich wie er meine Brüder nannten! Verstand er das? Jeder sei bevorzugt. Es gebe nur Bevorzugte. Auch die anderen werde man eines Tages verurteilen. Auch ihn werde man verurteilen. Was läge daran, wenn er, des Mordes angeklagt, hingerichtet würde, weil er beim Begräbnis seiner Mutter nicht geweint habe? Salamanos Hund sei genauso viel wert wie seine Frau. Die kleine alte Frau sei ebenso schuldig wie die Pariserin, die Masson geheiratet hatte, oder wie Maria, die von mir geheiratet werden wollte. Was bedeutet es, daß Raymond, genau wie Céleste, der wertvoller war als er, mein Freund war? Was bedeutete es, daß Maria heute ihren Mund einem anderen Meursault bot? Verstand das dieser Verurteilte – und daß aus der Tiefe meiner Zukunft ... Ich erstickte, als ich das alles hinausschrie. Aber da riß man mir schon den Geistlichen aus den Händen, und die Wärter bedrohten mich. Er beruhigte sie und sah mich eine Weile schweigend an. Er hatte Tränen in den Augen. Er drehte sich um und verschwand.

Als er gegangen war, fand ich meine Ruhe wieder. Ich war erschöpft und warf mich auf meine Pritsche. Ich glaube, ich habe geschlafen, denn als ich wach wurde, schienen mir die Sterne ins Gesicht. Die Geräusche der Landschaft stiegen zu mir auf. Düfte aus Nacht, Erde und Salz kühlten meine Schläfen. Wie eine Flut drang der wunderbare Friede dieses schlafenden Sommers in mich ein. In diesem Augenblick und an der Grenze der Nacht heulten Sirenen. Sie kündeten den Aufbruch in eine Welt an, die mir nun für immer gleichgültig war. Zum ersten Mal seit langer Zeit dachte ich an Mama. Jetzt begriff ich auch, warum sie am Ende eines Lebens einen „Bräutigam" genommen, warum sie wieder „Anfang" gespielt hatte. Auch dort drüben, dort im Altersheim, in dem die Leben erloschen, war der Abend wie ein melancholischer Waffenstillstand. Dem Tod so nahe, hatte Mama sich gewiß befreit gefühlt und bereit, alles noch einmal zu erleben. Niemand, niemand hatte das Recht, sie zu beweinen. Und auch ich fühlte mich bereit, alles noch einmal zu erleben. Als hätte dieser große Zorn mich von allem Übel gereinigt und mir alle Hoffnung genommen, wurde ich angesichts dieser Nacht voller Zeichen und Sterne zum ersten Mal empfänglich für die zärtliche Gleichgültigkeit der Welt. Als ich empfand, wie ähnlich sie mir war, wie brüderlich, da fühlte ich, daß ich glücklich gewesen war und immer noch glücklich bin. Damit sich alles erfüllt, damit ich mich weniger allein fühle, brauche ich nur noch eines zu wünschen: am Tag meiner Hinrichtung viele Zuschauer, die mich mit Schreien des Hasses empfangen.

□ In Camus' Buch „Der Fremde" (1942) begegnet dem Leser eine ungewöhnliche Gestalt eines Atheisten. In diesem Buch erzählt ein algerischer Angestellter seinen Lebensweg. Der abgedruckte Text findet sich am Schluß des Buches. Meursault steht kurz vor der Hinrichtung. Der Gefängnisgeistliche besucht ihn und versucht, mit ihm ein Gespräch über Gott und Schuld und über das Hinübergehen zu Gott zu führen. Meursault steht Gott gleichgültig gegenüber. Er hat sich geweigert, den Priester zu empfangen. Dieser ist von sich aus zu ihm gekommen. Meursault interessiert Gott nicht. Als der Priester ihn mit Gott konfrontiert, wird er schließlich zornig, wütend. Meursault hat ein Leben ohne Metaphysik und ohne Glauben hinter sich. Er lebt nach seinen vitalen Antrieben, also nach dem, was Hunger, Durst, Arbeit, Liebesverlangen ihm gerade eingeben. Er hat kein philosophisch, theologisch, pädagogisch oder ethisch ausgedachtes Sinnziel, nach dem er sich richtete und das ihn zu besonderen beruflichen, kulturellen, ethischen oder gar religiösen Anstrengungen antriebe.

Camus stellt Meursault vor in einigen entscheidenden Situationen, die Meursaults Art und Charakter beleuchten. Er wird in Grenzsituationen gebracht: Er steht am Sarg seiner Mutter; am Strand tötet er einen Araber; bei einer Gerichtsverhandlung verhält er sich so, als würde nicht über seinen Kopf, über Leben und Tod verhandelt; und in der Todeszelle ist er auch ruhig. Meursault wird nicht berührt von diesen einschneidenden, schrecklichen und erschütternden Ereignissen. Bei ihm findet sich nicht das „normale" Verhalten, Reagieren und Agieren. Er ist gleichgültiger. Er ist anders. Er lebt eine besondere Art von Gleichgültigkeit. Was das ist und was sein unreflektiertes Verhalten reguliert hat, zeigt sich am Schluß dieses Textes.

Gleichgültigkeit ist hier nicht zu verstehen im üblichen Sprachgebrauch. Meursault lebt einfach; er lebt auch einfach dahin. Eine Handlung folgt auf die andere, die Handlungsschritte folgen so aufeinander, wie das Leben es gerade gibt und wie es spielt. Alles Tun und alle Wirklichkeit sind für Meursault gleich-gültig, gleichviel-wert oder -unwert. Nach außen hin wirkt Meursault apathisch, gefühllos, kalt und erschreckend. Aus Meursaults Perspektive ist nicht einzusehen, weshalb er sich über die Ereignisse mehr ereifern soll, die seine Mitmenschen als außerordentlich, erschütternd und erschreckend finden, als über seinen normalen Alltag. Er freut sich an den einfachsten Dingen. Er greift auf sie zurück und findet in ihnen Halt und Tröstung. Er fühlt sich zärtlich eingebettet, gehalten von einfachen Realitäten, Düften, Farben, Geräuschen; von Dingen und Tieren.

Für viele Leser ist diese Figur nicht leicht zugänglich. Camus verkörpert in Meursault einen Menschentyp, den er in seiner algerischen Heimat kennengelernt hat und den er liebt. Meursault ist schlicht. Er ist ein Mensch, der aus dem Absurden lebt. Die absurde Welt hat keine Wertstufung. Camus schrieb 1955, man würde fehlgehen, wenn „man (dieses Werk) als die Geschichte eines Menschen läse, der ganz ohne jedes Heldentum für die Wahrheit zu sterben bereit ist". Meursault lebt nach der Devise, daß das menschliche Leben immens wertvoll und lebenswert ist. Leben hat für Camus eine ungeheure Bedeutung, wenn und weil es ohne Sinnbezug über dieses Leben hinaus, also absurd ist: Leben ist das einzig Sichere und Wahre und daher einzig bedeutsam.

Meursault hat kein Verständnis für einen Priester und für Gott. Gott ist für ihn etwas Skandalöses, weil er meint, daß Gott ihn von diesem Leben ablenkt und um sein Eigentliches bringt. Er reagiert auf den Priester mit Zorn. Meursault erträgt es nicht, daß der Priester seiner Sache so sicher ist. Er will nicht mit anderen verglichen werden. Er wird auch nicht danach gefragt, ob er einen Zugang zu der Botschaft des Priesters hat. Die „neuheidnische" Liebe zur Welt, die absurd und damit allein die des Menschen ist, hat keine Antenne für dieses Wort. Sich mit Gott beschäftigen, heißt Zeit vertrödeln.

Meursault ist sich seiner Sache sicher. Würden ihn bei seiner Hinrichtung Menschen mit Haß empfangen, wäre ihm das eine Bestätigung seiner Ansicht. Das wäre die Bestätigung. Meursault ist unbürgerlich. Er empfindet anders. Er verachtet die bürgerliche Welt der Familie, der Liebe, des Ehrgeizes, der Freundschaft und der Zerstreuung. Das natürliche Einfache ist das Fundament seines Lebens. Den Priester und Gott kann er am schlechtesten damit in Verbindung bringen. □

Wenn jemand in Christus ist, dann ist er eine neue Schöpfung: das Alte ist vergangen, Neues ist geworden. Das alles kommt von Gott, der uns durch Christus mit sich versöhnt hat. (2 Korinther 5,17f.)

Lieben, was wir nicht begreifen können?

Das Kind wurde ins Hilfsspital gebracht; in einem ehemaligen Klassenzimmer standen nur sechs Betten. Nach etwa zwanzig Stunden betrachtete Rieux den Fall als hoffnungslos. Der kleine Körper ließ sich wehrlos vom Gift verzehren . . . Eben zog sich das Kind mit einem Stöhnen wieder zusammen, als wäre es in den Magen gebissen worden. Während langer Sekunden blieb es so gekrümmt, von Schauern und krampfartigem Zittern geschüttelt, wie wenn sein zarter Leib von dem wütenden Pestwind geknickt würde und unter dem feurigen Atem des Fiebers zerbreche. Wenn der Sturm vorüber war, entspannte es sich ein wenig, das Fieber schien sich zurückzuziehen und es schwer atmend auf einem feuchten und vergifteten Ufer liegen zu lassen, wo die Ruhe schon dem Tod glich. Als die glühende Flut das Kind zum drittenmal erreichte und es ein wenig emporhob, kauerte es sich zusammen, kroch voll Entsetzen vor der sengenden Flamme tiefer ins Bett hinein, bewegte den Kopf wie irrsinnig und warf die Decke von sich. Dicke Tränen drangen unter den entzündeten Lidern hervor und rollten über das bleifarbene Gesicht; als der Anfall vorüber war, nahm das erschöpfte Kind mit seinen verkrampften, knochigen Armen und Beinen, die in achtundvierzig Stunden vollständig abgemagert waren, im zerwühlten Bett die groteske Stellung eines Gekreuzigten an . . .

Paneloux schaute diesen von der Krankheit beschmutzten, vom Schrei aller Zeiten erfüllten Kindermund an. Und er ließ sich auf die Knie gleiten, und alle fanden es natürlich, als sie ihn mit erstickter Stimme sagen hörten: „Mein Gott, rette dieses Kind!" . . .

Mit offenem, aber stummem Mund ruhte das Kind inmitten der durcheinandergewühlten Decken; es war plötzlich klein gewor-

Albert Camus, Das Frühwerk, Karl Rauch Verlag, Düsseldorf 1967

den, und auf seinem Gesicht sah man noch die Spuren der Tränen.

Paneloux näherte sich dem Bett und machte die Gebärde des Segnens . . .

Rieux wandte sich Paneloux zu.

. . . – Es gibt Zeiten in dieser Stadt, da ich nur mehr meine Empörung spüre.

– Ich verstehe, murmelte Paneloux. Es ist empörend, weil es unser Maß übersteigt. Aber vielleicht sollen wir lieben, was wir nicht begreifen können.

– Rieux richtete sich mit einem Schlag auf. Mit der ganzen Kraft und Leidenschaft, derer er fähig war, schaute er Paneloux an und schüttelte den Kopf. – Nein, Pater, sagte er. Ich habe eine andere Vorstellung von der Liebe. Und ich werde mich bis in den Tod hinein weigern, die Schöpfung zu lieben, in der Kinder gemartert werden.

Ein bestürzter Schatten huschte über Paneloux' Gesicht. – Ach, Herr Doktor, sagte er traurig, eben habe ich erkannt, was man Gnade heißt.

Aber Rieux war von neuem auf seiner Bank zusammengesunken . . . – Die habe ich nicht, ich weiß. Aber ich will nicht mit Ihnen darüber streiten. Wir arbeiten miteinander für etwas, das uns jenseits von Lästerung und Gebet vereint. Das allein ist wichtig.

☐ In dem Roman „Die Pest" (1948) stellt Camus die heroische Gestalt des Doktor Rieux vor. Der Arzt schreibt sachlich und nüchtern einen Bericht über eine große Pest in Oran. Die Stadt wird von der Außenwelt abgeschlossen. In der Stadt wütet die Pest. Der Arzt versorgt seine Mitbürger. Er ist unermüdlich unterwegs. Er versucht zu helfen, wo zu helfen ist. Das ist selten der Fall. Er sieht, wie die Menschen sich im Angesicht der Krankheit verhalten. Die Pest schlägt unberechenbar zu. Leben und Sterben werden zu einer willkürlichen Lotterie. Der Arzt sieht zu, wie bei vielen das zerfällt und ungültig wird, was diese Menschen bis dahin für das Wichtigste und Tragende ihres Lebens gehalten haben. Die Verpflichtungen und die Verantwortung der Liebe, der Ehe,

der Familie, der Kind- und Elternschaft, der Freundschaft werden zerrissen und zerstört. Sehr viele suchen das Heil in der Flucht in den Egoismus.
Der Arzt sucht eine Antwort auf die Frage nach dem Sinn der Pest und des schäbigen Verhaltens seiner Mitmenschen. Er verwirft die Antwort des Zynikers und des Menschenfeindes. Er fragt auch danach, ob vielleicht Gott im Spiel ist. Pater Paneloux ist eine der eindrucksvollsten Figuren dieses Buches neben Rieux.
Pater Paneloux ist zunächst der Meinung, die Menschen erführen in der Pest das Strafgericht Gottes. Die Pest ist für ihn sichtbar werdende Strafe Gottes für die Sünden der Menschen. In diesem Sinne predigt er.
Am Sterbebett eines 6jährigen Kindes erkennt er, daß seine theologische Deutung brüchig ist. Er trennt sich von der harten, selbstgerechten Predigt des Leids als Sühne. Er gerät in die dunkle Nacht des Kreuzes und zu einer Deutung von der zentralen Botschaft des Glaubens.
Der Pater findet seine Antwort im Glauben. Er ist bereit, das zu lieben, was er nicht begreift. Er versteht das, was am unschuldigen Kind geschieht, nicht von einer Theologie der rächenden Gerechtigkeit Gottes am Menschen, sondern in dem Kind erscheint ihm der unschuldig für die anderen sterbende Christus. Er zieht die Konsequenz für seine Verkündigung. □

Der Pater schlug mit der Faust auf die Kanzelbrüstung und rief aus: „Meine Brüder, man muß der sein, der bleibt!"
Es ging nicht darum, die Vorsichtsmaßnahmen und die umsichtige, weise Ordnung, die die Gesellschaft in die Unordnung einer Seuche brachte, abzulehnen. Man sollte auch nicht auf jene Moralisten hören, die predigten, man müsse sich auf die Knie werfen und alles im Stich lassen. Man mußte nur beginnen, in der Finsternis vorwärts zu gehen, ein wenig tastend, und versuchen, Gutes zu tun. Im übrigen sollte man bleiben und sich willig ganz Gott anbefehlen, sogar für den Tod der Kinder, ohne eine persönliche Hilfe zu suchen. Hier berichtete Pater Paneloux von der Hohen Gestalt des Bischofs Belzunce zur Zeit der Pest von Marseille.

Er erinnerte daran, daß sich der Bischof gegen Ende der Epidemie mit Lebensmitteln in seinem Haus einmauern ließ, nachdem er alles unternommen hatte, was er tun mußte, und glaubte, daß es keine Rettung mehr gebe, daß aber die Einwohner, deren Abgott er war, in einer Umkehrung der Gefühle, wie man sie im Übermaß des Leidens findet, sich gegen ihn erzürnten, sein Haus mit Toten umgaben, um ihn anzustecken, und sogar noch Leichen über die Mauern warfen, um ihn desto sicherer zu verderben. So hatte der Bischof in einer letzten Schwäche geglaubt, er könne sich in der Welt des Todes absondern, und die Toten fielen ihm vom Himmel auf den Kopf. So war es auch mit uns, die wir uns überzeugen mußten, daß es in der Pest keine Insel gibt. Nein, es gab keinen Mittelweg. Man mußte die empörende Schmach zulassen, weil uns nur die Wahl blieb, Gott zu hassen oder zu lieben. Und wer wagte es, sich für den Haß Gottes zu entscheiden? Endlich erklärte Paneloux, er komme nun zum Schluß, und sagte: „Meine Brüder, die Liebe zu Gott ist eine schwierige Liebe. Sie setzt völlige Selbstaufgabe und Selbstverleugnung voraus. Aber er allein vermag das Leiden und Sterben der Kinder auszulöschen; er allein jedenfalls kann es notwendig machen, weil es unmöglich zu verstehen ist und wir es nur wollen können. Das ist die schwierigste Lehre, die ich mit euch teilen wollte. Das ist der in den Augen der Menschen grausame, vor Gott jedoch entscheidende Glaube, dem wir uns nähern müssen. Diesem furchtbaren Bild müssen wir uns angleichen. Auf diesem Höhepunkt der scheinbaren Ungerechtigkeit hervorbrechen. So ruhen seit Jahrhunderten an der Pest Gestorbene unter den Fliesen im Chor vieler Kirchen Südfrankreichs, und Priester sprechen über ihren Gräbern, und der Geist, den sie verbreiten, bricht aus der Asche hervor, zu der doch Kinder auch ihr Teil beigetragen haben.“ (S. 113 f.)

□ Der Pater begibt sich aus dem Abstand zu seinen Mitmenschen heraus. Er verläßt seine Wohnung und hilft den Pestkranken. Dabei infiziert er sich selbst. Unter starken Schmerzen stirbt er. Er nimmt den Tod ohne Klage auf sich. Er sieht sich in der Nachfolge des Kreuzestodes Christi.

Doktor Rieux ist empört über den Tod des Kindes. Für ihn wird im Tod dieses Unschuldigen eine schreiende Ungerechtigkeit sichtbar. Sie schließt für ihn einen liebenden Gott aus. Gott ist für ihn nicht diskutabel. Er entschließt sich, das zu lieben, was er sieht. Doktor Rieux zerbricht nicht an dem, was er um sich herum geschehen sieht. Er zerbricht auch nicht unter der Belastung der schreienden Ungerechtigkeit und auch nicht unter dem Verlust der geliebten Frau. Er entscheidet sich anders. Er hat, woher auch immer, die Kraft, die absurde Welt zu akzeptieren. Er liebt sie. Er ist nicht enttäuscht, als seine Mitbürger nach dem Ende der Pest in einem großen Fest sich erfreuen und die Pest einfach vergessen. Er schaut ihnen zu, wie sie sich freuen. Vor allem die „Spaziergänger der Leidenschaft" sind für ihn Zeugnis der „wahren Befreiung". □

Denn inmitten des Getümmels bekräftigten diese entrückten, engumschlungenen und wortkargen Paare mit dem ganzen Jubel und der Ungerechtigkeit des Glücks, daß die Pest zu Ende und die Zeit des Grauens abgelaufen war. Sie leugneten in aller Ruhe wider jeden Augenschein die Tatsache, daß wir je die wahnwitzige Welt gekannt hatten, in der die Ermordung eines Menschen ebenso alltäglich war wie der Tod der Fliegen. Sie leugneten jene ganz besondere Verwilderung, jene berechnete Raserei, jene Gefangenschaft, die eine entsetzliche Freiheit gegenüber allem, was nicht die Gegenwart war, mit sich brachte, jenen Todesgeruch, der alle, die er nicht tötete, betäubte. Sie leugneten schließlich, daß sie jenes erstarrte Volk gewesen waren, von dem jeden Tag ein Teil in den Rachen eines Ofens geschmissen wurde und in zähem Qualm aufging, während der andere Teil von Ohnmacht und Angst gekettet wartete, bis die Reihe an ihn komme. (S. 378)

□ Rieux zieht den Schluß, daß alle die, „die sich über den Menschen hinaus an etwas gewandt hatten, das sie sich nicht einmal vorstellen konnten, keine Antwort erhalten hatten". Als er die sich umarmenden Paare sieht, freut er sich, weil „sie erhalten hatten, was sie wollten, weil sie das einzige verlangt hatten, was von ihnen abhing". Rieux denkt, „es sei gerecht, daß die Freude wenigstens von Zeit zu Zeit die belohne, die sich mit dem Menschen begnügen und mit seiner armseligen, gewaltigen Liebe". Das ist das Programm Rieux'. Camus hat in dieser Romanfigur einen ungemein hellen, strahlenden, zuversichtlichen und heroischen Helden gezeichnet. Für ihn ist seine eigene Kraft die allein mögliche Lösung. Er hält sich an das, was er sieht. Dabei wird dieses Sehen aussortiert und reguliert durch das, was ihn interessiert. Diese Auswahl ist eine Angelegenheit der Freiheit und der Erfahrung. Camus hat diesen Zusammenhang in seinem „Mythos des Sisyphos" erklärt. Seine persönliche Lebensgeschichte und seine Teilnahme an der politischen Entwicklung nach 1935 erschienen ihm als Argument für seine Philosophie des Absurden. Camus' Leben ist entscheidend beeinflußt und verändert worden durch Faktoren, die er nicht vorhersehen konnte und die er hinterher auch nicht als sinnvoll begreifen konnte. Dem strebsamen, fleißigen und gutwilligen Gymnasiasten und Studenten Camus wird die vorgesehene Lebensbahn zweimal schwerwiegend durchkreuzt durch eine Tuberkulose. Camus hat sein persönliches Schicksal, die Lenkung seines Lebens als schreiendes Unrecht empfunden, als „Überfall aus dem Absurden". Die weltgeschichtliche Entwicklung bestätigte ihm seine Meinung, daß dies alles nicht unter Ideen einer göttlichen Weltregierung und eines gerechten und gütigen Gottes zu bringen sei. Das Absurde war ihm das Evidente.

Und sein Tod schien seine Philosophie des Absurden zu bestätigen: Camus verunglückte im Wagen seines Verlegers tödlich. Er hatte die Rückfahrkarte für die Bahn in der Tasche. Er hatte sich überreden lassen, mit dem Wagen nach Hause zu fahren.

Die Philosophie des Absurden war keine „fröhliche Wissenschaft". Camus hatte sich zeitlebens auseinandergesetzt mit dem Geheimnis der Fremdheit, der Einsamkeit, der Qual, der Grausamkeit, des Leids, der Ungerechtigkeit, des Todes und des Alterns (allesamt für ihn Signale der absurden Welt). □

Denn an die Hoffnung ist unsere Rettung gebunden. Hoffnung aber, die man schon erfüllt sieht, ist keine Hoffnung; wie kann man auf etwas hoffen, was man sieht?
Hoffen wir aber auf das, was wir nicht sehen, dann harren wir aus und warten geduldig. (Römer 8,24f.)

Teil eines mythischen Kosmos?

Janine wußte nicht, warum diese Vorstellung sie mit einer so sanften und allumfassenden Traurigkeit erfüllte, daß sie die Augen schließen mußte. Sie wußte nur, daß ihr dieses Reich seit Anbeginn der Zeiten verheißen war und daß sie es dennoch nie besitzen würde, nie mehr, außer vielleicht in diesem flüchtigen Augenblick, da sie die Augen wieder aufschlug, den mit einmal unbeweglichen Himmel gewahrte und die Fluten erstarrten Lichts, während die aus der arabischen Stadt aufsteigenden Stimmen jäh verstummten. Da schien ihr, daß der Lauf der Welt eben zum Stillstand gekommen sei und daß von dieser Sekunde an niemand mehr altern, niemand mehr sterben würde. Allüberall war von nun an das Leben angehalten, außer in ihrem Herzen, wo im selben Augenblick jemand Tränen des Kummers und ungläubigen Staunens vergoß. (S. 29)

Nichts störte die Einsamkeit und die Stille, die Janine umgaben, kein Hauch, kein Geräusch, außer zuweilen dem dumpfen Knakken der Steine, die die Kälte zu Sand zerrieb. Nach einer Weile hatte sie indessen das Gefühl, der Himmel über ihr werde gleichsam von einer schwerfällig kreisenden Bewegung mitgezogen. In der Dichte der spröden und kalten Nacht bildeten sich unablässig Tausende von Sternen, und ihre schimmernden, sogleich losgelösten Eiskristalle begannen unmerklich dem Horizont entgegenzugleiten. Janine vermochte sich nicht von der Betrachtung dieser dahintreibenden Lichter loszureißen. Sie kreiste mit ihnen und das gleiche unbewegliche Ziehen verband sie allmählich mit ihrem tiefinnersten Wesen, wo Kälte und Verlangen nun im Widerstreit lagen. Die Sterne vor ihren Augen fielen einer nach dem anderen herab und erloschen dann inmitten der Steine der Wü-

Albert Camus, Die Ehebrecherin, in: Das Exil und das Reich, Rowohlt Verlag, Hamburg 1958

ste, und jedesmal erschloß sich Janine ein bißchen weiter der Nacht. Sie atmete frei, sie vergaß die Kälte, die menschliche Schwere, das wahngepeitschte oder erstarrte Dasein, die lange Bangigkeit des Lebens und des Sterbens. Nachdem sie so viele Jahre lang, vor der Angst fliehend, blind und ziellos dahingestürmt war, hielt sie nun endlich inne. Gleichzeitig hatte sie das Gefühl, zu ihren Wurzeln zurückzufinden, der Saft stieg wieder in ihren jetzt nicht mehr zitternden Körper empor. Den Leib fest an die Brüstung pressend, dem sich fortbewegenden Himmel entgegengespannt, wartete sie, daß ihr noch immer aufgewühltes Herz ebenfalls die Ruhe finde und es still werde in ihr. Die letzten Sterne ließen ihre Trauben tiefer unten über den Horizont der Wüste fallen und verhielten unbeweglich. Da begann mit unerträglicher Milde das Wasser der Nacht Janine zu erfüllen, es begrub die Kälte unter sich, von dem geheimen Mittelpunkt ihres Wesens stieg es nach und nach empor und drang in ununterbrochener Flut bis in ihren von Stöhnen übergehenden Mund. Im nächsten Augenblick breitete der ganze Himmel sich über ihr, die rücklings auf der kalten Erde lag. (S. 35f.)

□ In Camus' letztem Erzählband „Das Exil und das Reich" (1957) findet sich die Geschichte „Die Ehebrecherin". Hauptfigur ist Janine, die alternde Frau eines französischen Textilvertreters in Nordafrika, eine Frau, die ihren Frieden im bürgerlichen Muff, in Langeweile, Öde und unvermeidlichem Altern gefunden zu haben scheint. Sie sieht die Zelte der Nomaden, die Würde und Freiheit des einfachen Lebens der Araber. Das ergreift sie. Sie ahnt ein „anderes Reich", das sich von ihrem bürgerlich öden Dasein unterscheidet und ungeheure Räume öffnet. Sie wird erschüttert. Die Augen gehen ihr auf.
In Camus' Werk finden sich häufig die Schilderung und die Sehnsucht nach einem freien, jugendlichen, natürlichen, einfachen „Reich". Viele seiner Figuren empfinden ihren derzeitigen Zustand als „Exil". Janine findet zu der Vision eines von aller Beschwernis und Schuld freien Bereichs. Janine steigt nachts noch einmal auf die Zinne. Sie hat eine Vision, ähnlich der von Meur-

sault. Sie begeht eine Art mystischen Ehebruchs mit dem Kosmos.

Camus entgrenzt das öde und einsame Leben dieser Frau in die unendliche Weite und Tiefe einer allumgreifenden dinghaften, also den Menschen entpersönlichenden Kosmoseinheit. Der einzelne Mensch findet nicht in sich und auch nicht im Kollektiv der Menschheit seine Bergung, sondern in der Rückverwandlung in etwas Mythisches, aber Allumgreifendes und Allerfassendes. Camus hat darüber nicht weiter schreiben können; von manchen seiner Interpreten wird dieser Text als eine Art letztes naturalistisches Credo betrachtet. Camus' Andacht zur Natur, zur ambivalenten Symbolik der Sonne, die Ursprung des Lebens wie des Todes zugleich ist, ist unverkennbar.

Mir scheint, daß einige in der Nachfolge Camus' stehende Autoren diesen Gedanken weitergedacht haben. Als Beispiele seien Gedichte von Hans Magnus Enzensberger und das Buch von Anne Philipe „Nur einen Seufzer lang" (Hamburg 1964) genannt. □

Wir schauen nicht aus nach dem Sichtbaren, sondern nach dem Unsichtbaren. Denn das Sichtbare ist vergänglich, das Unsichtbare ist ewig. *(2 Korinther 4,18)*

„Diese unvorstellbare, enorme Müdigkeit“

Was hätte ich alles machen, was hätte ich alles hervorbringen können, wäre nicht diese unvorstellbare, enorme Müdigkeit gewesen, die seit ungefähr fünfzehn Jahren oder vielleicht noch viel länger auf mir lastet. Eine Müdigkeit, die mir das Arbeiten, aber auch das Ausruhen verwehrt, die mich das Leben nicht genießen läßt, die mich hindert, mich zu freuen, mich zu entspannen, und die es mir unmöglich macht, mich mehr den andern zuzuwenden, so wie ich es gern gewollt hätte, statt mein eigener Gefangener zu sein, Gefangener meiner Müdigkeit, dieser Last, dieser Bürde, die die Bürde meiner selber ist: Wie sich andern zuwenden, überwältigt vom eigenen Ich? Kein Arzt unter den dreißig oder vierzig, die ich konsultiert habe, keiner hat es verstanden oder vermocht, diese unendliche Mattigkeit zu heilen, wahrscheinlich weil keiner von ihnen dem Übel auf den Grund gegangen ist, seinen Ursprung erforscht hat. Ich begreife von mal zu mal besser, was die Ursache dieser Erschöpfung ist: Es ist der Zweifel, es ist die ewige Frage „wozu“, die von jeher in meinem Geist Wurzeln geschlagen hat, und die ich nicht ausreißen kann. Ach, wenn das „wozu“ in meiner Seele nicht gekeimt hätte, wenn es später nicht gewachsen wäre, bis es alles andere überwuchert und die anderen Pflanzen erstickt hat, dann wäre ich wohl ein anderer Mensch geworden, wie man so sagt. Das Unkraut hat das Wasser aufgesogen, das für die anderen guten Pflanzen bestimmt war, es hat ihnen nicht erlaubt, sich zu entfalten, es hat sich an ihrer Statt entfaltet. (S. 37f.)

Es ist schon eine Weile her, daß ich geboren wurde.
Mir kommt es vor, als läge es weit zurück, und doch nicht so weit.
Ich kann immer noch nicht begreifen, was mit mir geschehen ist.

Eugeno Ionesco, Tagebuch. Luchterhand Verlag, Darmstadt und Neuwied 1969

Mir bleibt nur noch sehr wenig Zeit, um zu begreifen, was ich noch nicht begriffen habe, und ich glaube kaum, daß ich es je schaffen werde. Es ist mir auch noch nicht gelungen, die Existenz und mich selbst hinzunehmen. Ich erkenne nichts jenseits der Wesen und der Dinge um mich herum, die mir mehr oder weniger rätselhaft scheinen. Ich komme schwer oder gar nicht oder selten mit den einen und den andern aus, denn ich komme mit mir selbst auch nicht aus. Die Befriedigungen, die ich gesucht habe, um ein Leben, eine Leere auszufüllen, eine Sehnsucht zu stillen, und die ich gefunden habe, vermochten manchmal, und nur zur Not, das existentielle Unbehagen zu verbergen. Sie haben mich abgelenkt, können es aber nicht länger. Leid, Kummer, Fehlschläge sind mir immer wahrer erschienen als Erfolg oder Genuß. Ich habe immer versucht zu leben, doch ich bin am Leben vorbeigegangen. Ich glaube, das ist etwas, was die meisten Menschen empfinden. Ich habe mich nicht vergessen können. Um mich zu vergessen, müßte ich nicht nur meinen eigenen Tod vergessen, sondern auch vergessen, daß alle, die ich liebe, sterben werden, und daß die Welt ein Ende nimmt. Der Gedanke an das Ende ängstigt und erbittert mich. Wirklich glücklich war ich nur im Rausch. Leider tötet der Alkohol das Gedächtnis, und mir bleiben nur verschwommene Erinnerungen an meine Euphorien. Leben ist Unglück. Was mich nicht hindert, das Leben dem Tod vorzuziehen, das Existieren dem Nicht-Existieren, denn ich bin nicht sicher zu *sein*, wenn ich einmal nicht mehr existieren werde. Da zu existieren die einzige Form des Seins ist, die ich kenne, klammere ich mich an diese Existenz, denn ich kann mir keine Art des Seins außerhalb der Existenz vorstellen. (S. 27ff.)

☐ Eugeno Ionesco hat als Theaterautor große Karriere gemacht. Man zählt ihn zu den Vertretern des absurden Theaters. Die beiden Texte aus dem Tagebuch durchzieht tiefe Melancholie. Sie erfaßt auch seine Körperlichkeit. Sie greift auch auf seine Kreativität über. Die Müdigkeit der Sinnlosigkeit, eine unbegreifliche Unzufriedenheit, Gespanntheit und Behinderung erfassen ihn. Ärzte können ihm nicht helfen. Den Zustand bringt er in Zu-

sammenhang mit seinem Alter und mit der unbeantworteten Frage nach dem „Wozu“ des Lebens. Er wäre froh, die Frage loszusein, die in alle Bereiche seines Lebens eingedrungen ist. Wie ein Unkraut wuchert die Erschlaffung. Unruhe packt ihn.
Er hat kein Zutrauen, daß er mit diesem Zustand der Beunruhigung fertigwerden kann. Wirklichkeit kann er nur verstehen als das Vorhandensein dessen, was er sieht und empfindet. Die Ausflüchte, die er gesucht hat, haben ihn nicht zufriedengestellt. Das „existentielle Unbehagen“ ist die Grundmelodie, eine unangenehme und lästige, dissonante Stimmung, die sich durch keine Aufschwünge und keine Versuche der Erhobenheit haben überwinden lassen. Er sieht keinen Ausweg. Er kann sich kein Leben, das den Bereich des Vorhandenen überschritte, vorstellen. Er spricht sich keine Chance zu, aus dem Unbehagen herauszufinden.
Ionesco hat die dissonante, gestörte Welt in seinen Stücken immer wieder beschrieben. Menschen finden sich nicht zurecht, werden auf unerklärliche oder schreckliche Weise in ihrem Leben verwirrt. Der Autor verspürt dies auch in seinem eigenen Leben. Seine Vorstellung kann sich nicht weiten bzw. will sich nicht erheben über den Bereich des Vorhandenen. Die Blickenge ist nicht eine psychische Befindlichkeit, die sich mit etwas gutem Willen verändern ließe; vielmehr ist sie Ergebnis der überwiegenden Lebenserfahrung. □

Von seltenen Augenblicken ekstatischer Euphorie meiner Jugendzeit abgesehen, da ich eine absolute Präsenz zu spüren meinte, da mir alles gerechtfertigt, ja mehr noch, gerettet schien, abgesehen auch von Augenblicken des Erfülltseins während meiner Kindheit . . ., habe ich niemals wirklich tiefe Freuden empfunden. Gewiß wurde meine Traurigkeit, eine Traurigkeit ohne erkennbaren Grund, eine Verzweiflung, ein ganzes Elend, oftmals von Glücksgefühlen – aber Glück ist nicht Freude – aufgehellt, die mehr oder weniger den inneren Abgrund überdeckten: meine Verlobung, meine Heirat, meine Vaterschaft, berufliche Erfolge, dann diese Art teils angenehmer, teils lästiger Anerkennung, ja alles, das war wichtig, all das verhalf mir zu flüchtigem Vergessen, ohne irgendwie geartete Lösungen herbeizuführen, ohne mich über das Unglück hinwegzutrösten, verloren zu sein in dieser todgeweihten Welt. (S. 166)

☐ So macht ihm das Leben Angst und Grauen. Er bleibt ständig in Unruhe.
Der Leser mag sich fragen, wie das Resultat der Lebenseindrücke und die dominante Grundstimmung seines Lebens zustande gekommen sind und wie er sich von da her vor der Sinnfrage verhält bzw. welche Möglichkeiten ihm da überhaupt gegeben und welche ihm genommen sind. Wie würde das formulierte Ergebnis seines Lebens aussehen, welche Stationen, welche Personen, welche Kräfte und zeitgeschichtlichen Faktoren würde er benennen? Lebt er auch in einer ständigen Unruhe und Angefochtenheit, oder hat sein Leben ihm etwas anderes ermöglicht? Sieht auch er das Leben vornehmlich als eine „Vernichtung des Menschen in der Zeit, im Dasein", wie Ionesco einmal in einem Aufsatz über das Theater schreibt? Oder muß er in dem Zustand leben, den Ionesco als den bei ihm vorwiegenden genannt hat, „schwindelig sein vor Angst"? Bei Ionesco überwiegt „diese innere, zerrissene, zerstückelte Welt (als) gewissermaßen Spiegel oder Symbol universeller Widersprüche" – wie lassen sich da Zutrauen und die Auflösung des Unbekannten aufbauen? ☐

Gerecht gemacht aus Glauben haben wir Frieden mit Gott durch unseren Herrn Jesus Christus. Durch ihn haben wir auch den Zugang zu der Gnade erhalten, in der wir stehen, und rühmen uns unserer Hoffnung, mit der wir der Herrlichkeit Gottes entgegengehen. Mehr noch: wir rühmen uns ebenso unserer Bedrängnis; denn wir wissen: Bedrängnis bewirkt Geduld, Geduld aber Bewährung, Bewährung, Hoffnung. Die Hoffnung aber läßt nicht zugrunde gehen; denn die Liebe Gottes ist ausgegossen in unsere Herzen durch den Heiligen Geist, der uns gegeben ist. Gott aber hat seine Liebe zu uns darin erwiesen, daß Christus für uns gestorben ist, als wir noch Sünder waren. *(Römer 5,1–5,8)*

Gegen Verführung

Laßt euch nicht verführen!
Es gibt keine Wiederkehr.
Der Tag steht in den Türen;
Ihr könnt schon Nachtwind spüren:
Es kommt kein Morgen mehr.

Laßt euch nicht betrügen!
Das Leben wenig ist.
Schlürft es in schnellen Zügen!
Es wird euch nicht genügen
Wenn ihr es lassen müßt!

Laßt euch nicht vertrösten!
Ihr habt nicht zu viel Zeit!
Laßt Moder den Erlösten!
Das Leben ist am größten:
Es steht nicht mehr bereit.

Laßt euch nicht verführen
Zu Fron und Ausgezehr!
Was kann euch Angst noch rühren?
Ihr sterbt mit allen Tieren
Und es kommt nichts nachher.

☐ Dieses Gedicht ist Bertolt Brechts Hauspostille (ersch. 1927) entnommen. Jede der vier Strophen beginnt mit einer strengen Aufforderung, einem Ausrufezeichensatz. Der Leser solle sich nicht verführen, betrügen, vertrösten lassen. Im letzten Vers wird noch einmal vor Verführung gewarnt. Der Leser soll nicht an eine

Bertolt Brecht, Gegen Verführung, in: Gesammelte Werke Bd. 8, Suhrkamp Verlag, Frankfurt/M 1973, S. 260

Wiederkehr glauben, nicht an eine Erlösung. Was der Mensch hat, das ist das Leben, der Tag, der gerade da ist. Dem Menschen steht nur wenig Zeit zur Verfügung. Das wird zweimal gesagt. Das Leben leben, es in schnellen Zügen schlürfen, das ist der zentrale Inhalt dieses Gedichtes. Auf keinen Fall soll der Mensch sich Hoffnungen machen, die über das Leben hinausgehen. Damit ist für Brecht der Mensch genügend geschützt gegen Angst, gegen Todesfurcht und gegen das Sehnsuchtsverlangen nach mehr als Leben. Die Angstlosigkeit vor dem Tod möchte er mit dem intensiven Hinweisen auf das Leben und durch eine entsprechende Praxis abwehren. Die Menschen haben das gleiche Los wie alle Tiere. Sie müssen sterben, und es kommt nichts nachher. Für Brecht ist diese schon seit Epikur und wohl auch schon seit früherer Zeit im Abendland tradierte Philosophie des Lebensgenusses und des radikalen Verwiesenseins auf Diesseitigkeit ausreichend, um Menschen die Angst vor dem Tod und was sonst das Leben beschwert zu nehmen. Das „Nichts" ist ein „Gesellschafter", nicht der ärgste Feind.

> Ich gestehe es: ich
> Habe keine Hoffnung.
> Die Blinden reden von einem Ausweg. Ich
> Sehe.
>
> Wenn die Irrtümer verbraucht sind
> Sitzt als letzter Gesellschafter
> Uns das Nichts gegenüber. (ebd., S. 99)

Die Philosophie des „Genieße den Tag" ist sicherlich für manche unserer Zeitgenossen die Alltagsdeutung des Lebens. Sie leben dahin und freuen sich über das, was ihnen gerade als Freude erscheint. Sie verschaffen sich ein möglichst großes Quantum an Lebensgenuß.

Wird dadurch nicht der Mensch um Dimensionen verkürzt, gibt es nicht auch andere Erfahrungen und Sehnsüchte, die im Menschen aufbrechen und die zeigen, daß er mehr als ein Tier ist?

Wenn man etwa den nachfolgenden Text von Thomas Bernhard liest, wird man darauf aufmerksam, daß sich Tod nicht aus Leben heraushalten läßt, sondern in es hineingreift, nicht nur als Aussicht auf den Tod, auf den wir alle einmal in der Sterbestunde zugehen, sondern auch schon in den vielen alltäglichen und kleinen Formen von furchtbaren Toden, die während des Lebens gestorben werden oder an Menschen vollbracht werden. Hier Leben, dort Tod: Wie und wann bringen Menschen es fertig, so zu leben, den Tod als eine säuberlich abgetrennte Region, mit der man sich im Leben nicht zu befassen braucht, anzusehen? □

Der Gott unseres Herrn Jesus Christus, der Vater der Herrlichkeit gebe euch den Geist der Weisheit und Offenbarung, damit ihr ihn erkennt. Er erleuchte die Augen eures Herzens, damit ihr versteht, zu welcher Hoffnung ihr durch ihn berufen seid, welchen Reichtum die Herrlichkeit seines Erbes den Heiligen schenkt und wie überragend groß seine Macht sich an uns, den Gläubigen, erweist durch das Wirken seiner Kraft und Stärke. *(Epheser 1,17–19)*

Alles ist egal

Servus und *es ist alles egal*, hatte er zum Abschluß gesagt, als ob ich das gesagt hätte. Mein besonderes Kennzeichen heute ist die Gleich*gültigkeit*, und es ist das Bewußtsein der Gleich*wertigkeit* alles dessen, das jemals gewesen ist und das ist und das sein wird. Es gibt keine hohen und höheren und höchsten Werte, das hat sich alles erledigt. Die Menschen sind, wie sie sind, und sie sind nicht zu ändern, wie die Gegenstände, die die Menschen gemacht haben und die sie machen und die sie machen werden. Die Natur kennt keine Wertunterschiede. Es sind immer wieder nur Menschen mit allen ihren Schwächen und mit ihrem körperlichen und seelischen Schmutz an jedem neuen Tag. Es ist gleich, ob einer mit seinem Preßlufthammer oder an seiner Schreibmaschine verzweifelt. Nur die Theorien verstümmeln, was doch so klar ist, die Philosophien und die Wissenschaften insgesamt, die sich der Klarheit in den Weg stellen mit ihren unbrauchbaren Erkenntnissen. Es ist beinahe alles durchlaufen, was jetzt noch kommt, überrascht nicht, weil alle Möglichkeiten bedacht sind. Der soviel falsch gemacht hat und irritiert hat und gestört und zerstört hat und vernichtet hat und sich abgequält hat und studiert hat und sich oft erledigt hat und halb umgebracht hat und geirrt hat und geniert und wieder nicht geniert hat, wird sich in Zukunft irren und vieles falsch machen und wird irritieren und stören und zerstören und vernichten und sich abquälen und studieren und sich erledigen und halb umbringen und alles das fortsetzen, bis zum Ende. Aber es ist letzten Endes alles egal. Die Karten werden aufgeschlagen, nach und nach. Die Idee ist gewesen, der Existenz auf die Spur zu kommen, der eigenen wie den andern. Wir erkennen uns in jedem Menschen, gleich, wer er ist, und sind zu jedem dieser Menschen verurteilt, solange wir existieren. Wir sind alle diese

Thomas Bernhard, Der Keller, Residenz Verlag, Salzburg 1976, S. 166 bis 168

Existenzen und Existierenden zusammen und sind auf der Suche nach uns und finden uns doch nicht, so inständig wir uns darum bemühen. Wir haben von Aufrichtigkeit und von Klarheit geträumt, aber es ist beim Träumen geblieben. Wir haben oft aufgegeben und wieder angefangen, und wir werden noch oft aufgeben und wieder anfangen. Aber es ist alles *egal.* Der Mann aus der Scherzhauserfeldsiedlung mit seinem Preßlufthammer hat mir mein Stichwort gegeben, daß alles egal ist. Es ist das Wesen der Natur, daß alles egal ist. *Servus* und *es ist alles egal,* seine Worte höre ich immer wieder, seine Worte, obwohl die seinigen auch die meinigen sind und obwohl ich selbst sehr oft gesagt habe *Servus* und *es ist alles egal.* Aber es mußte zu diesem Zeitpunkt gesagt werden. Ich hatte es schon vergessen. Wir sind zu einem Leben verurteilt, und das heißt lebenslänglich, für ein oder für viele Verbrechen, wer weiß?, die wir nicht begangen haben oder die wir wieder begehen, für andere nach uns. Wir haben uns selber nicht aufgerufen, wir waren auf einmal da und im Augenblick auch schon verantwortlich gemacht. Wir sind widerstandsfähig geworden, uns kann nichts mehr umwerfen, wir hängen nicht mehr am Leben, aber wir verschleudern es auch nicht zu billig, hatte ich sagen wollen, aber ich hatte das nicht gesagt. Manchmal erheben wir alle unseren Kopf und glauben, die Wahrheit oder die scheinbare Wahrheit sagen zu müssen und ziehen ihn wieder ein. Das ist alles.

☐ Thomas Bernhard, der inzwischen weit über den deutschsprachigen Raum hinaus bekannte österreichische Dramatiker, Erzähler und Romancier, hat in zwei autobiographischen Büchern den Hintergrund seines literarischen Werkes dargelegt. Thomas Bernhard variierte in den Stücken und in der Prosa immer wieder die Todverfallenheit des Menschen, das Hineingeraten in Irrtum, Scheitern, Monotonie, Wahnsinn und wie die Schlüsselwörter seiner düsteren todgeweihten Werke heißen mögen.

In dem ersten Band der Autobiographie „Das Urteil" (1975) nennt er eine Reihe von Anlässen und inneren Antrieben, die ihn auf das Thema Tod konzentriert haben, z.B. Selbstmordgedanken und Selbstmordversuche, Erlebnisse bei Luftangriffen, das Gequältwerden durch Lehrer und Internatsleiter, der Eindruck, daß Salzburg in sich eine Art „Todesboden" ist, wo es keinen schützenden Punkt für ihn gibt; da ist der Großvater, der die düsteren Bilder und Gedanken des Kindes vertieft; vor allem aber wird die tiefe Verwundung deutlich, daß er sich durch seinen leiblichen Vater, der die Mutter nicht heiratete, verstoßen und damit eigentlich als illegitim empfindet.

In dem zweiten Band der Autobiographie („Der Keller") beschreibt er eine glückliche Zeit; er erlebt sie als Kaufmannsgehilfenlehrling in einer Salzburger Vorstadtlebensmittelhandlung. In diesem Viertel leben lauter Verstoßene, Obdachlose, Verzweifelte. Die Welt dieser ausgestoßenen und verachteten Menschen erschreckt ihn auf der einen Seite, fasziniert ihn aber immer mehr. Er sieht dort zerstörte Existenzen und sich zerstörende Existenzen. Er selber vermag sich dem allerdings zu entziehen durch die Musik. Sie hilft ihm dazu, seine Existenz zu behaupten und auszubauen. Er entdeckt den Zauber und die Kraft der Kunst. Aber diese Kunst steht ganz unter dem düsteren Zeichen des Todes.

Der abgedruckte Text ist das Resümee der Lebenserfahrung, so wie sie der inzwischen 44jährige Mann sieht, sie zurückverlegt in die früheren Zeiten. Sein Lehrherr Karl Podlaha entläßt ihn mit dem Gruß, der am Anfang des Textes steht: „Servus" und „Es ist alles egal". Das ist für ihn die zentrale Perspektive auf Leben. So wird alles gleichwertig, eingeebnet, nichts, das höher oder niedriger wäre als das andere. Es gibt keine Unterschiede nach Wesen oder Wert. Die sozialen Unterschiede spielen keine Rolle, die Philosophien und Wissenschaften auch nicht. Alles ist nutzlos. Vernichtung und Zerstörung, das sind die zentralen Eindrücke und Realitäten, das Quälen und Gequältwerden, das Sich-Irren und Stören, das Vernichten.

Das Leben ist wertlos, aber aus welchem Grund wird es nicht verschleudert, weggeworfen? Das kann man sich fragen, wenn der Tod so radikal und immer alles durchformt und entwertet. Bei Thomas Bernhard heißt es nicht: hier Leben und da Tod (wie bei

Bertolt Brecht), sondern das Leben ist lächerlich gemacht durch den Tod, ist durch den immer gegenwärtigen Tod entwertet, nichtswürdig und düster. Vor diesem radikalen Todespessimismus muß man sich fragen, warum noch leben, warum noch jemanden achten, warum sich bemühen, warum nicht Selbstvernichtung betreiben, Ausbeutung oder was einem an Schrecklichem für sich und die Mitmenschen sonst einfallen mag. Oder macht einen eine solche düstere Philosophie aufmerksam auf die Realität und den Wert anderer Kräfte des Menschen, macht eine solch pessimistische Einschätzung einen geradezu begierig nach Leben und Schönheit, nach Freiheit und absoluter Liebe? Vielleicht läßt es einen hellsichtiger und klüger werden, wenn man durch die Bernhardsche Szenerie des Todes hindurchgegangen ist, da sie einen schützen könnte vor oberflächlichem Optimismus und einem unkritischen Fortschrittsglauben. □

Christus hat uns befreit, und nun sind wir frei. Bleibt daher fest und laßt euch nicht von neuem das Joch der Knechtschaft auflegen.

(Galater 5,1)

Eisenbahnreisende

Wir sind, mit dem irdisch befleckten Auge gesehn, in der Situation von Eisenbahnreisenden, die in einem langen Tunnel verunglückt sind, und zwar an einer Stelle, wo man das Licht des Anfangs nicht mehr sieht, das Licht des Endes aber nur so winzig, daß der Blick es immerfort suchen muß und immerfort verliert, wobei Anfang und Ende nicht einmal sicher sind. Rings um uns aber haben wir in der Verwirrung der Sinne oder in der Höchstempfindlichkeit der Sinne lauter Ungeheuer und ein je nach der Laune und Verwundung des Einzelnen entzückendes oder ermüdendes kaleidoskopisches Spiel.

☐ Im vorstehenden Text von Franz Kafka findet sich das Bild vom Leben als Tunnel. Das Leben wird verglichen mit einer Eisenbahnreise. Aber es ist nicht eine glücklich verlaufende, fahrplanmäßig genau umrissene und sich abwickelnde Reise mit der Bahn. Der Zug verunglückt in einem langen Tunnel. Das Licht des Anfangs und das Licht des Endes sind nicht mehr oder kaum noch wahrnehmbar. Der Blick ist sowieso begrenzt und gemindert. Man sieht mit einem „irdisch befleckten Auge". Das Licht des Endes ist vage und gering. Außerdem läßt sich nicht unterscheiden, ob es das Licht des Anfangs des Tunnels oder des Endes ist. Die Verwirrung der Sinne wird gesteigert durch die „Ungeheuer" und durch die Verwirrung eines „kaleidoskopischen" Spiels. Angst steigert die Empfindlichkeit der Sinne.
Wie ist die Situation des Lesers? Hat er das Empfinden, daß sein Blick und sein Sehvermögen volles Vertrauen verdienen? Was hat unter Umständen diesen Blick in Verwirrung gebracht? Gibt es um ihn herum auch hindernde, irritierende und quälende Kräfte,

die er als ungeheuerlich empfindet? Und gibt es dort auch das wechselvolle und verwirrende Spiel des Kaleidoskops? Der Lebensprozeß, in dem sich die Blickweise und der Blickwinkel eines Menschen geformt hat, ist da in den Blick zu nehmen.
Das Leben als Fahrt durch einen Tunnel, als rasende Fahrt in einen düsteren Abgrund, beschreibt Friedrich Dürrenmatt in der Parabel „Der Tunnel“ (Neuausgabe 1976). Er versteht das Tunnelgeschehen als ein Stürzen auf Gott zu, ein Fallen in *seine* Hand. □

Christus in euch, die Hoffnung der Herrlichkeit.

(Kolosser 1,27)

Die Welt wird enger

Kleine Fabel

„Ach", sagte die Maus, „die Welt wird enger mit jedem Tag. Zuerst war sie so breit, daß ich Angst hatte, ich lief weiter und war glücklich, daß ich endlich rechts und links in der Ferne Mauern sah, aber diese langen Mauern eilen so schnell aufeinander zu, daß ich schon im letzten Zimmer bin, und dort im Winkel steht die Falle, in die ich laufe." – „Du mußt nur die Laufrichtung ändern", sagte die Katze und fraß sie.

☐ Die kleine Fabel von Franz Kafka umschreibt eine Erfahrung, die vielleicht viele teilen. In ihrer Kindheit und Jugend erscheint ihnen das Leben unbegrenzt lang oder auch langweilig. Mit zunehmendem Alter wird die Zeit kurz und kürzer; das, was man tun kann, erscheint einem immer weniger. Schließlich überkommt einen eine panische Angst, weil die Mauern der Zeit und der eigenen Möglichkeiten immer enger an einen heranrücken. Der Raum zum Atmen und zur Entfaltung wird immer enger. Dabei ist die Frage, ob nicht eine Selbstbeschränkung vorliegt, ob man nicht sozusagen seine eigene Katze ist: Man schreibt sich weniger Möglichkeiten zu, erlebt den Zeitablauf immer schneller und wird darunter immer enger; einer sieht nicht mehr die Möglichkeiten, die er ergreifen könnte, sondern immer nur die Möglichkeit, daß er die Möglichkeiten *vielleicht* nicht mehr realisieren kann. Oder die Katze, das sind äußere Verpflichtungen, Freunde, Verwandte, Bekannte oder berufliche Aufgaben, denen man nicht in einer kritischen Distanz eine Bilanz abverlangt, ob der Umgang mit ihnen lästig, unfruchtbar ist bzw. ob die Last der

Pflichten förderlich für einen ist. Entscheidend dürfte dabei sein, wie man selber den Prozeß des Älterwerdens und die Bedeutung von Kontakten und das Sichannähern an den Tod bewertet. Das ist eine Frage an die persönlichen Sinnperspektiven. Franz Kafka hat in einem anderen Text diese Selbstbefangenheit und die Enge des Blicks einmal so erläutert. In der „Beschreibung eines Kampfes" (in: „Die Erzählungen") heißt es: „Mit einem Gefängnis hätte er sich abgefunden. Als Gefangener enden – das wäre seines Lebens Ziel. Aber es war ein Gitterkäfig. Gleichgültig, herrisch, wie bei sich zu Hause strömte durch das Gitter aus und ein der Lärm der Welt, der Gefangene war eigentlich frei, er konnte an allem teilnehmen, nichts entging ihm draußen, selbst verlassen hätte er den Käfig können, die Gitterstangen standen ja meterweit auseinander, nicht einmal gefangen war er." □

Das Gesetz des Geistes und des Lebens hat dich frei gemacht vom Gesetz der Sünde und des Todes. *(Römer 8,2)*

Melancholie und Skepsis

Also gut: über mich. Ich gebe kein Bild ab. Vor allen anderen Blumen gefällt mir die hellgraue, das ganze Jahr über blühende Skepsis. Ich bin nicht konsequent. (Sinnlos, mich auf einen Nenner bringen zu wollen.) Meine Vorräte: Linsen Tabak Papier. Ich besitze einen schönen leeren Rezeptblock.

Außer Geschichten und Geschichten gegen Geschichten erzählen, kann ich Pausen zwischen halbe Sätze schieben, die Gangart verschieden gearteter Schnecken beschreiben, nicht Radfahren, nicht Klavierspielen, aber Steine (auch Granit) behauen, feuchten Ton formen, mich in einen Wust (Entwicklungspolitik, Sozialpolitik) einarbeiten – und ganz gut kochen (auch wenn ihr meine Linsen nicht mögt). Ich kann mit Kohle, Feder, Kreide, Blei und Pinsel links- und rechtshändig zeichnen. Daher kommt es, daß ich zärtlich sein kann. Ich kann zuhören, weghören, voraussehen, was gewesen ist, denken, bis es sich aufhebt, und – außer beim Aufdröseln von Bindfäden und scholastischen Spekulationen – geduldig bleiben.

Doch das ist sicher: lachen konnte ich früher besser . . .

Ihr seht mich oft zerstreut: immer bin ich zerstreut, so sehr ich mich seitenlang auflese, sortiere und als Summe, samt Außenständen, aufrechne.

Wo bin ich jetzt? – Überall wo mein Tabak krümelt, krümelte oder zu krümeln vorhat.

Etwa zwischen Küchenkräutern. Glaubt mir, Kinder, wenn es einer der vielen, einander zänkisch den Teppich wegziehenden Ideologien gelänge, aus ihren Glaubenssätzen und Endzielbeschwörungen ein wenig sanft pelzigen Salbei zu treiben, sie könnte mich (versuchsweise) an den Tisch locken. Aber meinem Gaumen schmeckten weder Rosmarin noch Basilikum, kein Thy-

Günter Grass, Aus dem Tagebuch einer Schnecke, Luchterhand Verlag, Darmstadt/Neuwied 1972, S. 85–94

mian, nicht einmal Petersilie vor. Geschmacklos wurde mir aufgetischt. Das will ich nicht löffeln. Marx, dick eingekocht oder – wie üblich – verwässert, läßt allenfalls Graupen ahnen, diesen Fraß, der jedermann Gleichheit und Graupenfreiheit verspricht . . .

Ich bin Sozialdemokrat, weil mir Sozialismus ohne Demokratie nichts gilt und weil eine unsoziale Demokratie keine Demokratie ist. Ein so knochentrockener wie unbeugsamer Satz. Nichts zum Begeistern und Mützenwerfen. Nichts, was die Pupille vergrößert. Also rechne ich nur mit Teilerfolgen. Besseres habe ich nicht, obgleich ich Besseres weiß und haben möchte.
Oft, unterwegs in Mittelfranken oder im Münsterland, suche ich Ausflüchte: Laß die doch alleine machen! Diese mittelfristigen Kriechdisziplinen! Diese Reformkrämer! Guck mal der lustige Enzensberger: hüpft bubenhaft einfach nach Kuba und ist fein raus, während du hier Schönwetter zu machen versuchst für die Dynamisierung der Kriegsopferrente und für die Anerkennung von Tatsachen, die schon vor Jahrzehnten Moos angesetzt haben. (Ein mieser Handel.) Ich rede rede, höre mir zu, wie ich über die zerredete Mitbestimmung am Arbeitsplatz rede, bin eigentlich dabei und eigentlich schon unterwegs in Wirklichkeiten, die nach anderer Gerechtigkeit hecheln. Ich beginne, mir auszudenken, laufe dem Faden nach, gerate ins Garn, lüge mich frei und schlichte den Streit des Apfels mit seiner Legende . . .

„Jetzt nicht von dem, später vielleicht."
„Von dir wieder. Wie du früher warst."
„Als du noch nich berühmt warst."
„Warste da auch immer weg und woanders?"

Ja, aber mit weniger Gepäck. Auch wenn ich früher zeitweilig älter war, als ich bald sein werde, konnte ich doch mitten im Satz aufbrechen und gehen, ohne mich umzuschauen. Ich war ziemlich mager und guckte überkreuz auf einen erfundenen Punkt. Und noch früher, da wußten mein Vater und meine Mutter nicht, wer und wo ich gerade war, auch wenn ich am Tisch saß und – wie

Franz es tut – Grimassen schnitt. Nie wieder werde ich so lesen können, wie ich als Vierzehnjähriger gelesen habe: so absolut. (Meine Mutter schob mir, um meiner Tante die Abwesenheit ihres Sohnes zu beweisen, anstelle der Stulle mit Pflaumenkreide ein Stück Seife zu. Beide haben ihren Spaß gehabt.)
Als ich fünfzehn war, wollte ich in Gedanken, Worten und Werken meinen Vater mit meinem Hitlerjugenddolch ermorden. (Bei gleicher Absicht wechseln von Generation zu Generation nur die Tatgegenstände.)
Als ich sechzehn war, habe ich ein unfertiges und beliebig zu deutendes Mädchen auf Entfernung geliebt; seitdem kann ich wünschen und mir einbilden, bis es anklopft, eintritt, da ist und einen Streit beginnt.
Als ich siebzehn Jahre alt war, lernte ich unter meinem Stahlhelm – und nur noch vom Koppel zusammengehalten – die Angst kennen, später (zum Ausgleich) den Hunger, und wenig später das unübersichtliche Raubtiergehege Freiheit.
Ab achtzehn habe ich versucht, dieses Gehege auszumessen, wobei mir aufstieß, wie parzelliert es ist und wie selten die Vernunft beim Verstand liegt: je größer die Intelligenz, um so verheerender kann ihre Dummheit ins Kraut schießen. Selten sind es die Törichten, oft die schlauen Bescheidwisser, die der Welt ihre Niederlagen heimzahlen möchten.
Danach lebte ich längere Zeit kaum, schrieb nur und war Sammelstelle für Zerstreutes, auch für ordnungsgemäße Abgänge. Es fanden sich bei mir ein: dezimierte Jahrgänge, Verschuldungen der Väter und Schuldverschreibungen der Söhne, abgemusterte Clowns, die ihre Komik in Aktenordnern gesammelt hatten, verschüttete, nur rüde Wahrheit bezeugende Märchen, Batterien, Riechfläschchen, Kollektionen abgerissener Knöpfe und sonstige Gegenstände, die – zum Beispiel ein Taschenmesser – seit Jahren nach ihrem Verlierer fahndeten. Ich habe alles notiert und den rechtmäßigen Besitzern zurückzuerstatten versucht.
Als ich zweiunddreißig Jahre alt war, wurde ich berühmt. Seitdem beherbergen wir den Ruhm als Untermieter. Er steht überall rum, ist lästig und nur mit Mühe zu umgehen. Besonders Anna haßt

ihn, weil er ihr nachläuft und zweideutige Anträge macht. Ein manchmal aufgeblasener, dann abgeschlaffter Flegel. Besucher, die glauben, mich zu meinen, blicken sich nach ihm um. – Nur weil er so faul und meinen Schreibtisch belagernd unnütz ist, habe ich ihn in die Politik mitgenommen und als Begrüßgustav beschäftigt: das kann er. Überall wird er ernst genommen, auch von meinen Gegnern und Feinden. Dick ist er geworden. Schon beginnt er, sich selbst zu zitieren. Oft leihe ich ihn gegen geringe Gebühr für Empfänge und Gartenfeste aus. Hübsch, was er hinterher zu erzählen weiß. Er läßt sich gerne fotografieren, fälscht meisterlich meine Unterschrift und liest, was ich kaum anlese: Rezensionen . . . Mein Ruhm, liebe Kinder, ist jemand, für den ich um Nachsicht bitte . . .

„Aber ist man dann reich, wenn man berühmt ist?"
„Und wie reich?"
„Und ist das schön, berühmt und reich zu sein?"
„Was kann man sich dafür kaufen?"

Seitdem ich berühmt bin, werden mir Krawatten, Mützen, Taschentücher und ganze Sätze, samt Gebrauchsanweisung, gestohlen. (Ruhm ist etwas, das anzupissen Spaß zu bereiten scheint.) Die Zahl der Freunde wird, je berühmter man wird, entsprechend geringer. Es läßt sich nicht ändern: Ruhm vereinzelt. Dort, wo er hilft, besteht er darauf, geholfen zu haben. Dort, wo er schadet, spricht er vom Preis, der zu zahlen ist. Ich will den Ruhm langweilig und nur selten lustig nennen . . .
Soviel läßt sich sagen: ich lebe gern. Froh wäre ich, wenn alle, die mich ausdauernd lehren wollen, richtig zu leben, auch gerne lebten. Die Verbesserung der Welt sollte nicht den magenkranken Bitterlingen überlassen bleiben . . .

„Haste nich noch was?"
„So kurze Sachen. Was du magst, was du nicht magst."

Also nochmal. Kurze Sätze zum Einprägen und Verlieren.

Ich rauche zu viel aber regelmäßig.
Ich habe Meinungen, die sich ändern lassen.
Meistens überlege ich vorher.
Auf verquere Weise bin ich unkompliziert.
(Seit vier Jahren stelle ich Sätze und einzelne Wörter zwischen Klammern: etwas, das mit dem Älterwerden zu tun hat.)
Das mag ich: von weit weg hören, wie Laura am Klavier an immer derselben Stelle danebengreift.
Wenn Raoul mir eine Zigarette dreht, freue ich mich.
Wenn Franz mehr sagt als er zugeben wollte, bin ich erstaunt.
Wenn Bruno Witze flasch erzählt, kann ich lachen wie früher.
Mit Vorliebe sehe ich Anna zu, wenn sie ein frisch gekauftes Kleid sogleich abzuändern beginnt.
Was ich nicht mag: Leute, die mit dem Wort „scharf“ bewaffnet sind. (Wer nicht denkt, sondern scharf denkt, der greift auch scharf durch.)
Ich mag keine bigotten Katholiken und keine strenggläubigen Atheisten.
Ich mag keine Leute, die zum Nutzen der Menschheit die Banane gradebiegen wollen.
Widerlich ist mir jeder, der subjektives Unrecht in objektives Recht umzuschwindeln versteht.
Ich fürchte alle, die mich bekehren möchten.
Mein Mut beschränkt sich darauf, möglichst wenig Angst zu haben; Mutproben lege ich keine ab . . .
Immer muß ich was machen: Wörter hecken, Kräuter schneiden, in Löcher gucken, Zweifel besuchen, Chroniken lesen, Pilze und deren Verwandtschaft zeichnen, aufmerksam nichts tun, morgen nach Delmenhorst, übermorgen nach Aurich (Ostfriesland) fahren, redenreden, die dicke Schwärze, dort, wo sie graustichig wird, vom Rand her anknabbern, Schnecken auf ihrem Vormarsch begleiten und – weil ich den Krieg kenne – vorsätzlich Frieden halten; den mag ich auch, Kinder.

☐ Günter Grass hat das Buch für seine und anderer Leute Kinder geschrieben, „in dem der Fortschritt nach Schneckenmaß bemessen wird". Er beschreibt hierin, was das Gemüt schwer macht. „Ich spreche für die Melancholie. Ich habe sie in Variationen von heute sein lassen, damit sie uns nicht mehr fremd und verdächtig, damit sie uns gegenständlich wird." In diesem Tagebuch spricht Günter Grass viel von sich selbst, seinen Erfahrungen und bietet seine Reflexionen und Konsequenzen an. Er memoriert die persönliche Bedrängnis und sein Engagement. Er erzählt aus dem Bundestagswahlkampf 1969 und die Wählerinitiative für die SPD. Günter Grass ist engagierter Sozialdemokrat, aber er ist kein treuherziger und naiv-gläubiger Parteigenosse, im Gegenteil: Zweifel und Skepsis zehren an ihm. Er steht extremen sozialistischen Gedanken und Bewegungen kritisch gegenüber, nimmt nicht im geringsten ein Blatt vor den Mund, und er beweist sicherlich Sachverstand. Er kritisiert, was seine Zuneigung hat (und polemisiert gegen das, was er für die falsche Politik hält). Er ist durch seine persönliche Lebenserfahrung zu Skepsis und Melancholie gekommen. Günter Grass hat über Dürers Kupferstich „Melancholia 1" einen großen Vortrag gehalten mit dem Titel „Vom Stillstand zum Fortschritt". Die Anfrage des Nürnberger Kulturdezernenten, ob Günter Grass zum Dürer-Jahr in Nürnberg einen Vortrag zu halten bereit sei, löste die Notizen zu diesem Tagebuch aus. Melancholie ist neben dem Zweifel Grundtenor des Buches und des Lebens des Autors. Sie haben sich bei Grass verdichtet und geklärt durch sein politisches Engagement, durch die Anfeindungen, Enttäuschungen und viele andere negative Erfahrungen mit Menschen im politischen, gesellschaftlichen und persönlichen Umgang. Die positiven Erlebnisse verstärkten die Hoffnung auf eine gute Zukunft. Hoffnung wird konkurrierend gegen Zweifel und Melancholie durchgehalten. Ihr Symboltier ist die Schnecke, die gegen den „großen Sprung" steht.

Der Autor reflektiert, was ihm zustößt und aufgeht, ehrlich und offen. Er teilt sich im Buch seinen Kindern mit und denen, die aus seinen Erfahrungen lernen wollen. Er erzählt, warum er so häufig unterwegs ist, und geht mit Geduld auf die Fragen der Kinder ein. Er resümiert, argumentiert und reflektiert vor ihnen und für sie und rechtfertigt sich vor ihnen in Selbstkritik. Er hält das, was er erfahren hat und an Einsichten gewonnen hat, für lohnenswert und lernenswert, daß es weitergegeben wird. Er hält die Kinder an, nicht aufzugeben, auf keinen Fall, sondern weiterzugehen, weiterzugleiten, wie es das Symboltier Schnecke tut. Er bleibt aber in kritischer Distanz zu allgemeinen Aussagen nach dem Woher und Warum von Geschichte. Das stellt sich dann als Frage an den Leser, in welcher Haltung, für welche Ziele und aus welchen Motiven einer leben und sich selber in Geschichte einbringen möchte und was ihn vor Resignation in Skepsis und Zweifel schützt bzw. was ihn darüber hinausträgt. □

Obwohl wir die Erstlingsgabe des Geistes haben, seufzen wir in unseren Herzen und warten darauf, daß wir mit der Erlösung unseres Leibes als Söhne offenbar werden. Denn unsere Rettung geschah auf Hoffnung hin. *(Römer 8,23f.)*

Ein alter Mann

Ein Tisch ist ein Tisch

Ich will von einem alten Mann erzählen, von einem Mann, der kein Wort mehr sagt, ein müdes Gesicht hat, zu müd zum Lächeln und zu müd, um böse zu sein. Er wohnt in einer kleinen Stadt, am Ende der Straße oder nahe der Kreuzung. Es lohnt sich fast nicht, ihn zu beschreiben, kaum etwas unterscheidet ihn von andern. Er trägt einen grauen Hut, graue Hosen, einen grauen Rock und im Winter den langen grauen Mantel, und er hat einen dünnen Hals, dessen Haut trocken und runzelig ist, die weißen Hemdkragen sind ihm viel zu weit.
Im obersten Stock des Hauses hat er sein Zimmer, vielleicht war er verheiratet und hatte Kinder, vielleicht wohnte der früher in einer andern Stadt. Bestimmt war er einmal ein Kind, aber das war zu einer Zeit, wo die Kinder wie Erwachsene angezogen waren. Man sieht sie so im Fotoalbum der Großmutter. In seinem Zimmer sind zwei Stühle, ein Tisch, ein Teppich, ein Bett und ein Schrank. Auf einem kleinen Tisch steht ein Wecker, daneben liegen alte Zeitungen und das Fotoalbum, an der Wand hängen ein Spiegel und ein Bild.
Der alte Mann machte morgens einen Spaziergang und nachmittags einen Spaziergang, sprach ein paar Worte mit seinem Nachbarn, und abends saß er an seinem Tisch.
Das änderte sich nie, auch sonntags war das so. Und wenn der Mann am Tisch saß, hörte er den Wecker ticken, immer den Wekker ticken.
Dann gab es einmal einen besonderen Tag, einen Tag mit Sonne, nicht zu heiß, nicht zu kalt, mit Vogelgezwitscher, mit freundlichen Leuten, mit Kindern, die spielten – und das Besondere war, daß das alles dem Mann plötzlich gefiel.

Peter Bichsel, Kindergeschichten, Luchterhand Verlag, Darmstadt/Neuwied 1969, S. 21–32

Er lächelte.
„Jetzt wird sich alles ändern“, dachte er. Er öffnete den obersten Hemdknopf, nahm den Hut in die Hand, beschleunigte seinen Gang, wippte sogar beim Gehen mit den Knien und freute sich. Er kam in seine Straße, nickte den Kindern zu, ging vor sein Haus, stieg die Treppe hoch, nahm die Schlüssel aus der Tasche und schloß sein Zimmer auf.
Aber im Zimmer war alles gleich, ein Tisch, zwei Stühle, ein Bett. Und wie er sich hinsetzte, hörte er wieder das Ticken. Und alle Freude war vorbei, denn nichts hatte sich geändert. Und den Mann überkam eine große Wut.
Er sah im Spiegel sein Gesicht rot anlaufen, sah, wie er die Augen zukniff; dann verkrampfte er seine Hände zu Fäusten, hob sie und schlug mit ihnen auf die Tischplatte, erst nur einen Schlag, dann noch einen, und dann begann er auf den Tisch zu trommeln und schrie dazu immer wieder:
„Es muß sich ändern, es muß sich ändern!“
Und er hörte den Wecker nicht mehr. Dann begannen seine Hände zu schmerzen, seine Stimme versagte, dann hörte er den Wekker wieder, und nichts änderte sich.
„Immer derselbe Tisch“, sagte der Mann, „dieselben Stühle, das Bett, das Bild. Und dem Tisch sage ich Tisch, dem Bild sage ich Bild, das Bett heißt Bett, und den Stuhl nennt man Stuhl. Warum denn eigentlich?“ Die Franzosen sagen dem Bett „li“, dem Tisch „tabl“, nennen das Bild „tablo“ und den Stuhl „schäs“, und sie verstehen sich. Und die Chinesen verstehen sich auch.
„Weshalb heißt das Bett nicht Bild“, dachte der Mann und lächelte, dann lachte er, lachte, bis die Nachbarn an die Wand klopften und „Ruhe“ riefen.
„Jetzt ändert es sich“, rief er, und er sagte von nun an dem Bett „Bild“.
„Ich bin müde, ich will ins Bild“, sagte er, und morgens blieb er oft lange im Bild liegen und überlegte, wie er nun dem Stuhl sagen wolle, und er nannte den Stuhl „Wecker“.
Er stand also auf, zog sich an, setzte sich auf den Wecker und stützte die Arme auf den Tisch.

Aber der Tisch hieß jetzt nicht mehr Tisch, er hieß jetzt Teppich. Am Morgen verließ also der Mann das Bild, zog sich an, setzte sich an den Teppich auf den Wecker und überlegte, wem er wie sagen könnte.

Dem Bett sagte er Bild.
Dem Tisch sagte er Teppich.
Dem Stuhl sagte er Wecker.
Der Zeitung sagte er Bett.
Dem Spiegel sagte er Stuhl.
Dem Wecker sagte er Fotoalbum.
Dem Schrank sagte er Zeitung.
Dem Teppich sagte er Schrank.
Dem Bild sagte er Tisch.
Und dem Fotoalbum sagte er Spiegel.

Also:
Am Morgen blieb der alte Mann lange im Bild liegen, um neun läutete das Fotoalbum, der Mann stand auf und stellte sich auf den Schrank, damit er nicht an die Füße fror, dann nahm er seine Kleider aus der Zeitung, zog sich an, schaute in den Stuhl an der Wand, setzte sich dann auf den Wecker an den Teppich und blätterte den Spiegel durch, bis er den Tisch seiner Mutter fand.
Der Mann fand das lustig, und er übte den ganzen Tag und prägte sich die neuen Wörter ein. Jetzt wurde alles umbenannt: Er war jetzt kein Mann mehr, sondern ein Fuß, und der Fuß war ein Morgen und der Morgen ein Mann.
Jetzt könnt ihr die Geschichte selbst weiterschreiben.
Und dann könnt ihr, so wie es der Mann machte, auch die anderen Wörter austauschen:

läuten heißt stellen,
frieren heißt schauen,
liegen heißt läuten,
stehen heißt frieren,
stellen heißt blättern.

So daß es dann heißt:
Am Mann blieb der alte Fuß lange im Bild läuten, um neun stellte das Fotoalbum, der Fuß fror auf und blätterte sich auf den

Schrank, damit er nicht an die Morgen schaute.
Der alte Mann kaufte sich blaue Schulhefte und schrieb sie mit den neuen Wörtern voll, und er hatte jetzt eine neue Sprache, die ihm ganz allein gehörte.
Hie und da träumte er schon in der neuen Sprache, und dann übersetzte er die Lieder aus seiner Schulzeit in seine Sprache, und er sang sie leise vor sich hin.
Aber bald fiel ihm auch das Übersetzen schwer, er hatte seine alte Sprache fast vergessen, und er mußte die richtigen Wörter in seinen blauen Heften suchen. Und es machte ihm Angst, mit den Leuten zu sprechen. Er mußte lange nachdenken, wie die Leute zu den Dingen sagen.

Seinem Bild sagen die Leute Bett.
Seinem Teppich sagen die Leute Tisch.
Seinem Wecker sagen die Leute Stuhl.
Seinem Bett sagen die Leute Zeitung.
Seinem Stuhl sagen die Leute Spiegel.
Seinem Fotoalbum sagen die Leute Wecker.
Seiner Zeitung sagen die Leute Schrank.
Seinem Schrank sagen die Leute Teppich.
Seinem Tisch sagen die Leute Bild.
Seinem Spiegel sagen die Leute Fotoalbum.

Und es kam so weit, daß der Mann lachen mußte, wenn er die Leute reden hörte.
Er mußte lachen, wenn er hörte, wie jemand sagte: „Gehen Sie morgen auch zum Fußballspiel?“ Oder wenn jemand sagte: „Jetzt regnet es schon zwei Monate lang.“ Oder wenn jemand sagte: „Ich habe einen Onkel in Amerika.“
Er mußte lachen, weil er all das nicht verstand. Aber eine lustige Geschichte ist das nicht. Sie hat traurig angefangen und hört traurig auf.
Der alte Mann im grauen Mantel konnte die Leute nicht mehr verstehen, das war nicht so schlimm.
Viel schlimmer war, sie konnten ihn nicht mehr verstehen. Und deshalb sagte er nichts mehr. Er schwieg, sprach nur noch mit sich selbst, grüßte nicht einmal mehr.

□ Peter Bichsel erzählt ganz einfach, fast märchenhaft. Die Kindergeschichte handelt von einem alten Mann. Sein Zimmer ist einfach, eintönig, seine Kleidung grau. Damit ist zugleich seine innere Situation umrissen. Er hat keine Freunde, wenig Freude und kaum Abwechslung in seinem Leben. Sein Leben verläuft monoton. Er ergibt sich passiv in diese öde Gleichförmigkeit. Ein einzelner Tag unterbricht diese graue Welt. Aber er endet mit einer Enttäuschung und einem Wutausbruch.

Der alte Mann verschafft sich dann eine Abwechslung, wie man sie bei Kindern kennt, die Dinge umbennen und für die die Dinge dann so sind, wie sie benannt werden. Aber dieses Spiel wird ernst. Der alte Mann verspinnt sich in seine eigene Sprache. Er findet sich hinterher in der „normalen" Welt nicht mehr zurecht. Er hat andere Namen. Der Zusammenhang der Sprache, die Möglichkeit eines Mindestkontaktes wird auf diese Weise aufgelöst. Seine Isolation ist total.

Peter Bichsel hat diese Geschichte für eine Kinderplatte etwas erweitert: Er verweist am Schluß darauf, der alte Mann habe vergessen, daß man gemeinsame Dinge nur gemeinsam ändern könne. Die Geschichte in sich selbst wirkt auf manche sehr bedrückend. Die Isolation und die Öde erscheinen als die einzige Möglichkeit für das Alter. Anderen scheint auch keine Möglichkeit irgendeiner Dynamik in dieser Geschichte zu liegen. Der für die Kinderschallplatte angehängte neue Schluß weist auf eine Möglichkeit hin, die aber im Bereich der Möglichkeiten dieses Mannes nicht zu liegen scheint. Der Leser müßte sie herantragen, müßte sie von sich aus als Lösung des Problems solcher Altersisolation und solcher problematischer Vereinsamung finden.

Ohne Zweifel leben viele alte Menschen ähnlich undynamisch und in solcher Verlassenheit. Wie ist ihnen zu helfen? Ein paar Besuche und etwas guter Wille sind da wenig. Hier muß Interesse neu geweckt und Kontakt neu geschaffen werden, und das ist häufig nicht mit einem guten Schuß gutem Willen allein möglich. Auf ein Zweites macht diese Geschichte aufmerksam: Der alte Mann befaßt sich mit einer Sprachmarotte. Es gibt sicherlich ähnliche Marotten – und das nicht nur bei alten oder auf das Alter zugehenden Menschen. Die Geschichte macht sicherlich auf die Eigenart von Sprache aufmerksam, daß sie nicht beliebig verändert werden kann. Die Geschichte kann ein Hinweis auf die Isolation sein, in die man sich z.B. mit einer Fachsprache oder einer sektiererischen Clansprache hineinmanövrieren kann. Es gibt sicherlich auch andere Riten, Gewohnheiten und Beschäftigungen, die in analoger Weise den Zusammenhang zu anderen, vor allen Dingen zu Vorgängen in der Gesamtgesellschaft, zerreißen. Vielen ist es nicht einsichtig, daß sie sich mit politischen, wirtschaftlichen, philosophischen, wissenschaftlichen und kulturellen Prozessen beschäftigen sollten, die sie nicht unmittelbar betreffen. Die Interessenschrumpfung läßt dann ganze Bereiche der Person verkümmern. Wenn einer das dann auch noch für eine typische Eigenart von Altern hält, sich so zu „konzentrieren", dann leitet er selber Verfallsprozesse, Desintegration und Öde für sich ein. Er wird starr und fremd – vielleicht schon ansatzweise in ziemlich frühen Jahren. Er verformt seine Empfindung und verengt seinen Sinn. □

Gott selbst ist es, der uns geliebt und uns ewigen Trost und gute Hoffnung in Gnaden gegeben hat. *(2 Thessalonicher 2,16)*

„Das Alter ist für mich . . .“

Ich bekam einen Brief von einer Gleichaltrigen, darin stand, wir wohnen alle in der Todeszelle, niemand besucht uns, wir dürfen den Raum nicht verlassen, nur warten, bis man uns abholt und das Gerüst wird schon gezimmert, im Hof. Ich begreife die Briefschreiberin nicht, ich weiß, daß ich sterben werde, aber wie in einer Todeszelle fühle ich mich nicht. Ich höre die wilden heftigen Geräusche des Lebens und spüre die Sonne und den Eisregen auf der Haut. Das Alter ist für mich kein Kerker, sondern ein Balkon, von dem man zugleich weiter und genauer sieht. Von dem man unter Umständen vom Blitz getroffen, oder von einem Schwindel überkommen, hinabstürzt, nicht weil es so dunkel und einsam ist, sondern weil die Sonne übermächtig scheint.

☐ Was ist Altern? In manchen Darstellungen, die in dieser Sammlung enthalten sind, scheint Altern zu bedeuten: auf ein Nichts zulaufen, eine besondere Art von Verenden, ein Hineingeraten in eine physische und psychische Verengung, in Absonderlichkeiten, Skurrilitäten, Vereinsamung und Isolation. Mancher wird genötigt, sich vorher mit dem Altern auseinanderzusetzen, wieder andere richten sich bewußt darauf ein. So wie sie ihre Ausbildung in den früheren Lebensphasen bewußt und gezielt – ob aus eigenem Antrieb oder durch den Lauf des Lebens mehr oder weniger dazu genötigt – betrieben haben, so versuchen sie sich auch auf ihr Altern vorzubereiten. Es kann sicherlich nicht mehr als ein Versuch sein, da keiner vorherbestimmen und vorherberechnen kann, wie der Lebensweg ist, wie es um seine Gesundheit und um die sozialen und kulturellen, psychischen und familiären Faktoren seiner Umwelt bestellt sein wird.
Marie Luise Kaschnitz deutet das Alter aus der Perspektive ihres

Marie Luise Kaschnitz, Orte, Insel Verlag, Frankfurt/M 1973, S. 145

vergangenen Lebens. Die Einsicht, die sie in diesem Text formuliert, sind nicht Gedanken am Schreibtisch, wohlformuliert und hochstilisiert, idealistische Verbrämung, sondern mit der Substanz eigener Erfahrung und schweren Leidens und schönen Geliebtwerdens versehen. Altern bedeutet für sie nicht Engwerden, sondern Offensein für das Leben und seine Entwicklung. Trotz der vielen problematischen persönlichen und politischen Ereignisse um sie herum ist der Grundton von Vertrauen und Freude bestimmt. Sie weiß, was Angst vor dem Sterben und was dieses selber ist. Sie weiß, daß „unter Umständen" (und diese Wendung ist zu beachten) das Leben plötzlich abreißen, ein Sturz sein kann, aber sie hat das Zutrauen, daß sie nicht in ein düsteres Loch hineinfällt, sondern daß die Sonne, das Licht, das Helle, das Schöne und Lebendige es dann ist, das sie an sich zieht.
Ähnlich hat es Rudolf Alexander Schröder* in einem Gedicht formuliert:

> Mit altem Mann geht wunderlich:
> Hat viel gelernt, muß viel verlernen.

Einige Zeilen später heißt es in der letzten Strophe des Gedichtes:

> Mir altem Mann geht's wunderlich:
> Hab' viel verlernt, muß vieles lernen.

Der Autor wechselt von „Mit altem Mann" über zu „Mir altem Mann"; es geschieht etwas mit ihm, zum Teil muß er es hinnehmen, zum Teil ist es seine eigene Tätigkeit; zum Verlernen gehört neues Lernen. Altern ist also nicht Abbau, sondern etwas Neues. Es gibt in dieser Phase keinen Stillstand, sondern es muß etwas Neues gestaltet werden. Bei Martin Buber findet sich in den „Erzählungen der Chassidim"** eine Geschichte über das Altern: „Ein Spielmann spielte Rabbi Chanoch vor. Der sagte: ‚Auch Melodien, die altern, verlieren den Geschmack. Diese hat uns vormals, als sie bei Rabbi Bunam gespielt wurde, das Herz erhoben.

Jetzt ist ihr Geschmack verloren gegangen. So ist es in Wahrheit. Man muß sich auf das Alter sehr rüsten und bereiten. Wir beten: Wirf uns nicht hinweg zur Zeit des Alters! Denn dann geht der Geschmack verloren. Aber zuweilen ist gerade dies das Gute. Denn sehe ich, daß ich nach allem, was ich getan habe, gar nichts bin, so muß ich eben von Neuem zu arbeiten beginnen. Und es heißt von Gott im Gebet: Der an jedem Tag das Werk der Schöpfung erneuert.'" □

Gott hat uns wiedergeboren zu lebendiger Hoffnung durch die Auferstehung Christi von den Toten zu einem unvergänglichen Erbe.

(1 Petrus 1,3f.)

*Rudolf Alexander Schröder, Fülle des Daseins, Suhrkamp Verlag, Frankfurt/M 1958, S. 599

**Martin Buber, Werke Bd. 3: Schriften zum Chassidismus, Kösel Verlag, München 1963, S. 711f

▷

Beat Brechbühl, Unicum, in: Frank Geerk (Hg.), Lyrik aus der Schweiz, Benziger Verlag, Zürich/Köln 1974, S. 114f

Einer redet von Gott

Im Zug redet
einer von Gott.

Die Leute schauen Löcher
in den Mann.

Dann lächeln sie
verständnisvoll
und frösteln.

☐ Das Reden von Gott berührt viele peinlich. Das Gedicht von Beat Brechbühl faßt sehr kurz und eindrucksvoll das, was einem passieren kann, wenn man die „Schamgrenze" überwunden hat, von Gott zu sprechen. Daß einem dergleichen, wie im Gedicht umschrieben, passieren könnte, hält manch einen davon ab, das Thema überhaupt anfassen zu wollen. Einen anderen in ähnliche Verlegenheit zu bringen, ist für manchen ein Hindernis, von Gott zu sprechen. Die Gefahr, andere peinlich zu berühren, andere ins „Frösteln" zu bringen oder sich mehr oder weniger starken Angriffen auszusetzen, bringt manchen dazu, das Thema nicht anzurühren.
Von Gott reden ist nicht nur peinlich, sondern es bringt unter Umständen viel Pein mit sich. Man wird zur Zielscheibe; aber wie kann man zum Mut finden, doch in der rechten Situation darüber sprechen zu wollen, was man von Gott hält? Welchen Ton muß man finden? Wie kann man mit dem umgehen, was einem Leute an den Kopf werfen, was sie einem angestaut mit eigenen oder fremden Vorwürfen, Enttäuschungen und Vorbehalten „an den Kopf werfen", wie kann man damit umgehen und doch ein gedeihliches Gespräch herbeiführen? ☐

Seid fröhlich in der Hoffnung, geduldig in Bedrängnis, beharrlich im Gebet. *(Römer 12,12)*

Herr K. über Gott

Einer fragte Herrn K., ob es einen Gott gäbe. Herr K. sagte: „Ich rate dir, nachzudenken, ob dein Verhalten je nach der Antwort auf diese Frage sich ändern würde. Würde es sich nicht ändern, dann können wir die Frage fallenlassen. Würde es sich ändern, dann kann ich dir wenigstens noch so weit behilflich sein, daß ich dir sage, du hast dich schon entschieden: Du brauchst einen Gott."

☐ Oft wird die Frage so gestellt, wie sie an Herrn K. gestellt wird. Aber die Frage nach Gott ist eine Frage besonderer Art. Sie unterscheidet sich von der Frage nach dem Preis eines Gegenstandes oder nach einem Weg qualitativ. Nach Gott läßt sich nicht wie nach einem Ding oder nach etwas sichtbar Greifbarem oder dinglich Versicherbarem fragen. Schon unter Menschen ist manches unbeantwortbar oder nur in ganz besonders günstigen Stunden oder unter speziellen Bedingungen des Vertrautseins untereinander benennbar. Herr K. benennt ein paar Punkte, die entscheidend dafür sind, ob einer zu Gott finden möchte. Herr K. argumentiert moralisch. Er nennt als Kriterium, ob einer an Gott glauben könnte – er erörtert also die Möglichkeit des Glaubens – die Veränderung des Verhaltens. Er ist der Meinung, daß nach Gott nicht gefragt werden brauchte, wenn das Verhalten gleich bliebe. Die Möglichkeit einer Änderung im Verhalten ist für ihn schon eine beim Frager vorhandene Entscheidung. Und er geht noch weiter und behauptet, daß einer Gott brauche, wenn er sein Verhalten ändern wolle.
Wie stellt sich für den Leser die Fragesituation? Ist für ihn sofort das Verhalten der Fragepunkt, oder stellt sich für ihn, falls er glauben wollen möchte, vorher noch das eine oder andere als Frage?

Bertolt Brecht, Ob es einen Gott gibt, in: Prosa. Gesammelte Werke Bd. 12, Suhrkamp Verlag, Frankfurt/M 1973, S. 380

Was steht günstig bzw. hindernd zwischen ihm und Gott? Müssen nicht vielleicht erst Erfahrungen mit anderen Menschen, mit Amtsträgern, mit den Eltern, Freunden, Institutionen, der Schule, wissenschaftlichem Weltbild, müssen nicht erst die bestimmenden Erfahrungen seines Lebens vorher abgeklärt werden? Ist nicht auch nach dem Inhalt und der Art und Möglichkeit des Verhaltens zu fragen? □

Wir erwarten mit Eifer die Ankunft des Tages Gottes . . . Wir erwarten nach seinem Wort neue Himmel und eine neue Erde, in der die Gerechtigkeit wohnen wird. *(2 Petrus 3,12f.)*

Requiem

I

Mit dem Tod muß ich umgehen
Dem schwarzen Hengst,
Der sprengt mit der Schulter
Die sicheren Wände,
Der zerstampft mit dem Huf
Die geglätteten Dielen.
Sein Drahthaar zerriß meinen Vorhang,
Sein Eisatem blies mir die Scheiben blind,
Meine Gebete durchschoß er mit Verwünschung,
Aus meiner Sanftmut schlug er roten Zorn.
Nachts drehte er sich kreischend auf dem Dache,
Ließ durch die Sparren mich dein Zimmer sehen,
Deinen Tisch nicht darinnen
Deine Bettstatt verschwunden
Um Deine Bücher Spinnenkränze
Auf dem Teppich Schnee . . .

Und ich zerrte an deinen Fingern,
Und ich rüttelte deine Schulter,
Aber du rührtest dich nicht.
Du schliefst. Du schliefst,
Ein Mann allein im Boot –
Dein Fischerlicht
Auf grünem Nachtwasser entfernte sich lautlos.
Einer stand hinter mir,
Preßte mir seine
Unmenschliche Hand auf die Lippen,
Stampfte den Felsgrund

Marie Luise Kaschnitz, Überallnie, Claassen Verlag, Hamburg 1965, S. 173ff

Und die erschütterte Erde,
Murmelte: Schweig.
Laß ihn ziehen . . .

Kein Nesselhemd bekamst Du übergestreift,
Kein Becher ward dir randvoll von den Lippen gezogen,
Du mußtest nicht hungern, nicht auf Dornen liegen.
Nur sterben . . .

Mit Asche bedeckten sie da
Das Feuer deines Herzens,
Zusehen mußte ich, wie es erlosch
Funke um Funke.

II

Streck ich meine Hände aus im Schlaf,
Rühr ich ein Ding aus Bein, das Erde wird,
Heimlocke wie eine wilde Taube
Den Fetzen Wolke, den das Licht verzehrt,
Sag ich dir Dank verspätet ungeschickt
Hör ich das Rinnsal unterm Wurzelgrund
Wen will ich küssen
Einen Maskenmund . . .

Und Trost ist nicht, da du mein Trost gewesen
Und Rat ist nicht, da du mein Rat gewesen
Und Schutz ist nicht, da du mein Schutz gewesen
Und Liebe nicht, da ich um deinetwillen
Die Welt geliebt . . .

Nur dein Schatten mein Schatten
Sitzen beisammen
Trinken Rezina
Bei den Sieben Brüdern
Am Fuße der Burg.

Nur dein Schatten mein Schatten
Fahren am Abend
Über das finstere
Tigergestreifte
Marmarameer.
Deine Augen meine Augen
Stehen offen für immer
Schauen und schauen
Gnade uns Gott . . .

IV (Abgesang)

Fährfrau mit dem runden Hut
Hast du ihn gesehen?
Ja, sagt die Fährfrau

Hirte mit dem toten Lamm
Hast du ihn gesehen?
Ja, sagt der Hirte

Bergmann mit dem weißen Licht
Hast du ihn gesehen?
Ja, sagt der Bergmann.

Welchen Weges ging er, Fährfrau?
Über Wasser trockenen Fußes.

Welchen Weges ging er, Hirte?
Bergüber leichten Atems.

Welchen Weges ging er, Bergmann?
In der Erde lag er still.

Was stand auf seinem Gesicht geschrieben?
Frieden, sagten alle. Frieden.

□ Das Gedicht „Requiem“ ist dem Band „Dein Schweigen – meine Stimme“ (1962) entnommen. Marie Luise Kaschnitz hat 1958 ihren Mann verloren. Er ist an einem Gehirntumor langsam und unter großen Qualen gestorben. Marie Luise Kaschnitz hat Furchtbares erlebt, indem sie den geliebten Mann so viel leiden sehen mußte. Wie der Tod sie bedrängt, das schildert dieses Gedicht. Es ist ein Requiem, eine private Totenfeier zwischen ihr und dem toten Mann. Der Tod hat sie furchtbar ergriffen und sie zusammengetreten, so wie das Pferd, das am Anfang des Gedichtes genannt wird. Es ist ein furchtbares Tier, das sie außer sich brachte. Sie findet keine Ruhe; wo ihr Mann einst lebte, das Arbeitszimmer des Archäologen, das ist jetzt von Spinnen okkupiert und Schnee liegt dort, es ist dort kalt und Winter.
Die zweite Strophe stellt die Leidende dar an der Totenbahre, an dem weggleitenden Boden. Sie nimmt das alte Bild des Hades auf. Wer ist das, der hinter ihr steht und ihr befiehlt, ihn ziehen zu lassen? Sie vergleicht den Tod ihres Mannes mit dem Tod des Menschen, der gehängt wird oder der einen Giftbecher trinken muß, der verhungert oder auf Dornen liegen muß. Das blieb ihm erspart. Er mußte „nur sterben“. Das, woran sie sich hat wärmen können, das Feuer seines Herzens, wird mit Asche zugedeckt, sie muß zuschauen, wie dieses Herz, das uralte Symbol der Liebe, erlischt. Damit scheint ihr Lebenselement, die Liebe, zugrundezugehen.
Der zweite Teil des Gedichtes beginnt mit einer Vergeblichkeitsgeste. Wenn sie versucht, mit der Hand, in einer Geste, mit der sie einen Kontakt sucht, nach ihm zu greifen, dann faßt sie etwas, das in Staub sich zurückverwandelt; der verlorene geliebte Mann ist wie eine wilde Taube, die sich nicht fangen läßt, oder wie ein Stück Wolke, das sich im Sonnenlicht auflöst. Er entzieht sich, verschwindet und vergeht. Die früher zwischen den Liebenden möglichen Beziehungen wie Dank und Kuß sind nicht mehr möglich. Sie trifft auch da auf Totes und Starres. Wie sehr sie ihren Mann geliebt hat, wird aus den nächsten Zeilen deutlich: Sie hat in diesem Mann Zuversicht, Wegweisung, Geborgenheit und Vertrauen begründet gefunden. Das wird nun durch den Tod gefähr-

det, erschüttert und unter Umständen ungültig. Sie sieht sich schon selber wie einen Schatten. Nicht mehr die Personen, die leibhaftigen Existenzen können beieinander sein, sondern nur noch das schwache, schematische Abbild. Die Autorin hat früher ihren Mann auf Ausgrabungsreisen begleitet. Sie erinnert sich hier, daß sie zusammen Wein getrunken und am Marmarameer gesessen haben. Das hat sich jetzt ganz geändert. Schattenhaft ist das nur noch da. Und diese Schatten sind gefährdet. Die Augen können nicht mehr die Augen des anderen treffen. Ihre Augen stehen offen und blicken intensiv (fast beschwörend heißt es zweimal „Schauen und schauen"). Und unvermittelt der Ausruf, der um die Hilfe Gottes bittet.
Der hier nicht abgedruckte dritte Teil spricht von dem langsamen Verlust der Bilder der Erinnerung. Das Zusammenleben und die glückliche Gemeinschaft, das Bild des anmutigen, rücksichtsvollen und gerechten Mannes – das versinkt langsam. Es entsteht eine Entfernung und Fremdheit nach und nach. Aber in diese Bilder des sozusagen zweiten Todes des Mannes hinein hat sie die Zeilen gesetzt:

> Einst werde ich auferstehen
> wie alle Geschlagenen.

Sie hat das Vertrauen, daß der Mann sie wiederfindet, irgendwie im Vorgang des Auferstehens.

> Denn du hast mich gebettet
> im Schoße Geheimnis.
>
> Zwischenwände, die sich auftun
>
> Unter Sterne die schwanken
> im Nichtsmehrwichtig
> im Ohnedauer
> im Wald bei dir.

Im letzten Teil, dem Abgesang, taucht dann aber als vorherrschendes Stilelement die Frage auf, die allerdings eine Antwort findet. Marie Luise Kaschnitz nimmt in diesem Teil bekannte Bilder aus den Vorstellungen über den Weg in das Jenseits auf. Aus dem antiken Fährmann wird hier eine Fährfrau. Der Hirte mit dem toten Lamm erinnert an Jesusbilder. Der Bergmann sucht im Dunkeln, im Innern der Erde seinen Weg und geht dort seiner Arbeit nach. Sie alle sind Begleitgestalten auf dem Weg hinüber und sie geben ihr Trost. Sie alle können auch sagen, daß der geliebte Mann hinübergegangen ist; daß er trockenen Fußes hinüberkam und daß er den Berg übersteigen konnte und daß er Ruhe fand. Das Schlußwort ist: „Frieden“.
In deutlicher Spannung stehen in diesem Text auf der einen Seite die suchende und verzweifelnde Frau, die den geliebten Mann immer mehr entschwinden empfindet und die wissen möchte, was mit dem geliebten Mann ist. Dieses suchende Ich ist traurig und zutiefst erschüttert. Aber auf der anderen Seite ist er und der Frieden. Auf der einen Seite ist da der außerordentlich brutale Tod. Aber es besteht noch eine Verbindung. Sie lebt in der Spannung zwischen dem Nicht-mehr-bei-dir und dem Bald-wieder-bei-dir. Die Autorin hat diesen Text nach dem Tod ihres geliebten Mannes geschrieben. Sie hat ihm nicht nachsterben können. Sie hat in der Spannung zwischen Lebenssehnsucht und Todesverlangen leben müssen. Der nachstehende Text aus dem Buch „Wohin denn ich“ erörtert das etwas näher, was sie dann lebenslang beschäftigt hat.
Die Problematik der Autorin scheint auf den ersten Blick eine Frage an jemanden zu sein, der bei sich selbst intensiv Trauer erlebt, der den Schmerz um einen verlorenen nahen lieben Menschen voll durchleidet, diesen Schmerz nicht negiert oder verdrängt. Aber vielleicht ist dieses Gedicht eine Ermutigung, sich mit der eigenen Realität näher zu beschäftigen und danach zu fragen, wie es um intensive Bindungen an Menschen um einen selbst herum aussieht, wie stark sie einen tragen und mit welcher Dankbarkeit einer diesen Menschen gegenüber leben könnte oder sollte oder müßte. Außerdem sollte der Text einen dazu anregen, Trauer um

sich herum einmal näher anzuschauen und sich der Möglichkeiten bewußt zu werden, wie Tod einen betreffen kann und wie einer eine solche Erfahrung bestehen könnte. In der modernen Literatur gibt es eine Reihe authentischer Beispiele von sehr unterschiedlich durchlebter und angenommener bzw. verarbeiteter Trauer. Als Beispiele seien die Bücher genannt von: Simone de Beauvoir, „Ein sanfter Tod“; Anne Philipe, „. . . nur einen Seufzer lang“; Peter Handke, „Wunschloses Unglück“; Wilhelm Kramp, „Der letzte Feind“; Christa Wolf, „Nachdenken über Christa T.“; Gabriele Wohmann, „Ausflug mit der Mutter“. □

Brüder, wir wollen euch über die Verstorbenen nicht in Unkenntnis lassen, damit ihr nicht trauert wie die anderen, die keine Hoffnung haben. Wenn Jesus – was wir glauben – gestorben und auferstanden ist, dann wird Gott auch um Jesu willen die Verstorbenen mit ihm vereinen. Denn dies sagen wir euch nach einem Wort des Herrn: Wir, die Lebenden, die übrig bleiben bis zur Ankunft des Herrn, werden den Verstorbenen gegenüber keinen Vorteil haben. Denn der Herr selbst wird vom Himmel herabkommen, wenn der Befehl ergeht, der Erzengel ruft und die Fanfare Gottes erschallt. Zuerst werden die in Christus Verstorbenen auferstehen; dann werden wir, die Lebenden, die noch übrig sind, zugleich mit ihnen auf den Wolken in die Luft entrückt, dem Herrn entgegen. Dann werden wir immer beim Herrn sein. Tröstet einander also mit diesen Worten!

(1 Thessalonicher 4,13–18)

Rettung – Ziel meiner Reise

Jemand hat mir von Brasilien gesprochen, mir auch ein Buch mit vielen in diesem übrigens riesigen Land gemachten Aufnahmen geschenkt. Ein Ortsname fiel mir auf, Salvador – Rettung, Ziel meiner Reise; wie kindisch, was könnte eine persönliche Rettung dem bedeuten, der für sich selbst nichts mehr will. Rettung zudem wovor und woraus, ich wußte ja, was meine Not war, diese schmerzhafte Spannung zwischen Todessehnsucht und Lebenswille, die übrigens gewiß ein allgemeines Übel ist und die so leicht niemand aufheben kann. Eine große Reise ins Unbekannte gleicht freilich nur zu sehr der größten, letzten, von der man sich ja auch ein Wunder erwartet, eine Gnade, die nicht von dieser Welt ist und die ich mir zu verdienen keine Anstalten machte. Das griechisch-tragische Lebens- und Todesgefühl, das von Lesern meiner Gedichte mir einmal nachgesagt wurde, besaß ich gar nicht, vielmehr ein durchaus christliches, nur keinen Glauben an den Schatz der guten Werke, an die Möglichkeit, sich den Himmel zu verdienen. Immerhin war noch jemand da, mit dem ich, wie die Maus mit der Schlange, wie der Apfel mit dem Messer, Streitgespräche führte, die alten Fragen, warum tust du das, warum läßt du das zu, auch jemand, an den ich störrische Stoßgebete richtete. Denen, die vor den Kirchentüren stehenbleiben, fühlte ich mich mehr verbunden als denen, deren Namensschildchen an den Bänken befestigt sind, es gibt auch eine Treue zu solchen, die nie ankommen, den verlorenen Schafen mit ihren trotzig hämmernden Hufen, ihrem aufsässigen ratlosen Blick. Trotzdem hatte ich, wenn ich nachts das Licht ausmachte, jetzt oft die Vorstellung, im Schlafe schon aufgenommen zu werden in eine übersinnliche Welt, genauer gesagt, in ein großes schweigendes Haus, in dem „die Herren“ den Ton, und den eines überirdischen Frie-

Marie Luise Kaschnitz, Wohin denn ich, Claassen Verlag, Hamburg 1963, S. 126–129

dens, bestimmten. Diese Herren, deren Gegenwart ich nur spürte, ohne sie je zu Gesicht zu bekommen, waren der Vater und du, also Gott und der Geliebte, der durch das Mysterium seines Leidens in dem rätselhaften Hause mehr als nur ein Wohnrecht genießt. Im Halbschlaf meine Lage verändernd, also bald auf der rechten, bald auf der linken Seite und bald auf dem Rücken liegend, öffnete ich mir immer neue Räume, neue Landschaften, die weder dunkel noch hell, weder farbig noch ohne Farbe waren. In all diesen Räumen herrschte Frieden, fühlte ich die Gegenwart der beiden Wesen, ohne die ich erst eigentlich verloren bin. Eine andere kindische und ketzerische Gewißheit: daß es auch im Leben (also auch im Wachen) Augenblicke gibt, die die Seligkeit vorwegnehmen, und Fügungen, die anders als durch Gnade gar nicht zu erklären sind. Das Jenseits war mir eine Gegend, in der man weniger alles hatte, als alles konnte, zum Beispiel lieben, auch geliebt werden, was den meisten Menschen doch den Charakter verdirbt. Das am schwersten zu Bestehende, also auch schwer zu Wünschende, war der furchtbare Anspruch der Ewigkeit, wer würde zwischen dem Immer-Wachen und dem Immer-Schlafen nicht den Schlaf wählen, dessen eiskalte Traumlosigkeit er sich freilich nicht vorstellen kann. Die Überzeugung von der neuen Würde der Toten verbot mir die Hoffnung auf ein Wiedersehen, wenigstens auf eines in der Gestalt und mit den irdischen Eigenschaften, auch im Geflecht aller menschlichen Beziehungen, in dem sich ja irdische Situationen wiederherstellen würden. Ein Geisterkuß wiederum bedeutete mir nichts, und doch ersehnte ich ihn als das einzig noch Mögliche, die Essenz alles dessen, was am Eros, auch dem sinnlichsten, schon größere Versöhnung, schon heilige Hochzeit war. Die Mysterien der Kirche schienen mir jedem zugänglich, der die Mysterien von Geburt, Liebe und Tod wirklich erlebt hat, am eigenen Fleische, das ja nicht der eigene Körper sein muß. Auch wenn seine Scham ihm die Wichtigmacherei eines öffentlichen Bekenntnisses untersagt, möchte er sich doch zugehörig fühlen, die erschütternden Worte der Liturgie wurden auch für ihn gesprochen, die Monstranz auch für ihn erhoben und geküßt. Für ihn hieß in diesem Fall für mich, aber für wen eigentlich noch von den verlorenen Schafen, und wie oft, wenn ich aus meinem Vorhofschlaf plötzlich aufwachte, war mein Bett nur ein Bett, und an meine Ohren drang der Lärm des Düsenflugzeugs, schrill und entsetzlich, wie wenn der Vorhang im Tempel zerreißt.

☐ „Ich versuchte weiterzuleben, indem ich dem, was mir widerfahren war, Gestalt gab", der abgründigen Erfahrung des Todes des geliebten Mannes. Die Autorin hat das in dem Buch „Wohin denn ich" versucht, und in dem parallel dazu entstandenen und publizierten Gedichtband „Dein Schweigen – meine Stimme" (1962). Diese beiden Bücher machten der bis dahin vorrangigen und ungerechtfertigten Meinung ein Ende, die Autorin sei eine in den poetischen Glanz oder die Natur oder den antiken Mythos verliebte Dichterin. Das Buch zeichnet eine „Rückkehr aus dem Totenland" auf, in das Marie Luise Kaschnitz nach dem Tod ihres Mannes, unfaßbar und unwiderstehlich, hineingeriet. Sie war zwar leibhaft immer da und auch bei guter Gesundheit, aber sie lebte getarnt „mit der Maske ihres früheren Wesens", stand „blinden Auges" ihrer Umgebung gegenüber. Nach und nach, eigentlich widerwillig und nur zufällig, nämlich auf Drängen eines Veranstalters von Lesetourneen für Schriftsteller, kommt sie langsam wieder zurück.
Marie Luise Kaschnitz beschreibt den Prozeß der Rückkehr aus dem Land der Trauer; sie muß sich wieder einüben in Leben, von vorne beginnen; „das Handwerk des Alleinseins" erscheint ihr das Schwerste. Dabei lernt sie die „Lehre vom Leben und Sterben" buchstabieren. „Was ist ein Menschenleben anders als eine Kette von Erschütterungen, von denen die vorletzte das Alter und die letzte der Tod ist." Sie erlebt, wie unerbittlich Leben darauf besteht, gelebt zu werden, „den Trauernden zum Hohn". Sie ist zwar vom Leben entzückt und fasziniert; sie kostet es zu atmen, zu riechen, zu schmecken, einfach: zu sein. Aber sie stimmt dem Leben nur nach und nach, skeptisch, fragend und suchend zu. Sie erlebt intensiv „diese schmerzhafte Spannung zwischen Todessehnsucht und Lebenswillen". Sie gewinnt wieder Sympathie

zum Leben, aber nicht naiv, überrumpelt vom Leben, sondern aus metaphysischer, theologischer, ja eigentlich mystischer Erfahrung. So, wie es in dem vorstehenden Text auch umschrieben ist. Sie versteht jeden, der sich „nicht damit begnügt, mit seiner Materie die Friedhofsblumen zu speisen. Ich gab mich damit nicht zufrieden. Ich wollte auferstehen, also übte ich mich im Tanz, wobei es mir auch manchmal gelang, auf dem Kopf zu stehen, jedenfalls immer leichter zu werden, was zur Folge hatte, daß auch die Dinge leichter zu werden und zu tanzen begannen. Ich habe solche Zeiten, Tanzzeiten, schon früher gehabt, was ganz wörtlich zu verstehen ist. Tanzbewegungen nach Radiomusik vor dem Schlafengehen, auch oder gerade in den bedrohlichsten Lagen, aber auch unwörtlich als ein Zustand des Gleitens und Schwebens, auch des inneren Lächelns, das weit entfernt von einer verbissenen Gottsuche mich doch am Nächsten zu dem hingeführt hat, was den Gläubigen als Gegenwart Gottes erscheint." Sie setzt sich mit dem Vorwurf auseinander, der in ihr aufsteigt, sie habe den Toten verlassen, verraten, sei ihm mit dem Leben untreu geworden. Der vorstehende Text zeigt den Suchprozeß. Immer wieder neu ansetzend spricht sie von dem, was sie gefunden hat. Es ist Verschiedenes. Der Grundtenor ist, daß sie erkannt hat, daß „Salvador – Rettung, Ziel meiner Reise" ist; nicht nur die Richtung nach Salvador in Brasilien, sondern Salvador – die umfassende Rettung. Es ist ein Geschehen in der Gnade. Und darin erkennt sie dann auch, was mit dem geliebten Mann ist, dessen Tod sie mit so tiefer Trauer erfüllt hat: Er ist beim Vater. Mit diesen beiden gibt es die Möglichkeit einer Verbindung. Daß sie dies erkennt, wird für sie zur Garantie dafür, daß sie leben darf. Ohne diese fast mystische Gewißheit hätte sie nicht mehr leben wollen. Seit diesem Buch gilt ihr Nachdenken immer wieder der Frage nach dem Jenseits (siehe dazu den Text „Ein Leben nach dem Tode" in dem Band „Texte über Gott", Topos-Tb. 46) und dem Themenbereich Auferstehung und Jesus. □

Christus ist unter euch, er ist die Hoffnung auf Herrlichkeit.

(Kolosser 1,27)

Friedenslied

Wann ist denn endlich Frieden
In dieser irren Zeit
Das große Waffenschmieden
Bringt nichts als großes Leid
    Es blutet die Erde
    Es weinen die Völker
    Es hungern die Kinder
    Es droht großer Tod
    Es sind nicht die Ketten
    Es sind nicht die Bomben
    Es
      ist ja der Mensch
            der den Menschen bedroht

Die Welt ist so zerrissen
Und ist im Grund so klein
Wir werden sterben müssen
Dann kann wohl Friede sein
    Es blutet die Erde
    Es weinen die Völker
    Es hungern die Kinder
    Es droht großer Tod
    Es sind nicht die Ketten
    Es sind nicht die Bomben
    Es
      ist ja der Mensch
            der den Menschen bedroht

Wolf Biermann, Mit Marx- und Engelszungen, Wagenbach Verlag, Berlin 1968, S. 27

□ Der in Ost und West umstrittene Autor spricht in seinem Gedicht Fragen aus, die viele Menschen bedrücken. Er klagt über die Zeit, die ihm „irre" erscheint. Er nennt eine der großen Leidquellen beim Namen, das Waffenschmieden. Diese Waffen werden nicht für sich selbst produziert, sondern um Menschen zu töten. Wer sich umschaut, sieht, daß das Rüstungs- und damit das Vernichtungspotential ungeahnte Ausmaße erreicht hat. Wir leben von einem Gleichgewicht des Schreckens. Kleine Kriege werden geführt. Der ganz große mögliche Krieg droht dauernd. Aber wie verhält man sich dazu? Die Kriege in Afrika, in Nah-Ost usw. erscheinen einem eher als exotische Bagatellen. Und die ständige Bedrohung der gesamten Menschheit durch die unvorstellbar großen Vernichtungspotentiale der Großmächte haben viele aus ihrem Gedächtnis verdrängt. In der zweiten Strophe nennt der Autor die Zerrissenheit als einen Grund dafür, daß Menschen an der Welt und an sich selbst und untereinander leiden. Die Erde ist ein blutiger, ein zerrissener Ort. Die Erde ist voll Tränen und Hunger. Der mögliche Ansatzpunkt, etwas zu bessern, ist nach des Autors Ansicht, „der Mensch".

Aber welcher Mensch hat die Möglichkeit, etwas an der bedrängenden Gesamtlage zu ändern. Viele haben das Gefühl der Ohnmacht und schieben die ganze Verantwortung den „Gesamtverhältnissen" oder einigen Mächtigen zu. Es gibt Stimmen von einflußreichen Leuten, die nachdrücklich zum Frieden mahnen (z.B. der Papst und die christlichen Kirchen), aber was richten selbst sie aus? Die Menschen müssen das Leben bestehen, aber würde sich nicht doch schon etwas bessern, wenn wenigstens der Frieden durch uns schon ein wenig käme? □

Wir wünschen aber, daß jeder von euch den gleichen Eifer zeigt, die Fülle der Hoffnung bis zum Ende zu entfalten, damit ihr nicht müde werdet, sondern Nachahmer derer seid, die durch Glauben und Ausdauer die Verheißung erben. *(Hebräer 6,11)*

Marter – Tod – Schuld

Zu meinen Zwangsvorstellungen gehören noch heute gewisse Marterinstrumente, wie zum Beispiel die berüchtigte Bogerschaukel, die ich – unter Zwang – sogar aufzeichne, das komplizierte Gestell, und darin, mit dem Kopf nach unten, das Opfer, einen Körper, ein Gesicht, das unwillkürlich meine eigenen Züge annimmt, meine Augen, groß aufgerissen, aber eigentlich erkennbar doch nur für mich. Von Foltern, die an politischen Gefangenen in Lateinamerika durchgeführt werden, habe ich gehört, ausgestochene Augen, abgeschnittene Ohren, brennende Fackeln an den Geschlechtsteilen, man könnte einen Katalog anlegen, nach Ländern oder in historischer Reihenfolge, was Menschen Menschen angetan haben oder noch immer tun – während bei Überschwemmungen, Sturmkatastrophen jeder eine kleine Gabe bereithält und der Spruch „Seid nett zueinander" auf allen Postämtern hängt. Die Tatsache, daß es heute noch Folter und Folterknechte gibt, Prozeduren, die mit peinlicher Genauigkeit ausgeführt werden, erscheint mir ungeheuerlich. Ich brauche nur in ein Spital zu gehen, um zu sehen, welchen Martern zum Beispiel die Krebskranken ausgesetzt sind, wie sie stöhnen und schreien und es in keiner Lage aushalten. Doch ich sehe zwischen den Leiden der Kranken und den Martern der politischen Häftlinge einen entscheidenden Unterschied. (S. 29)

Der Tod, das Totsein ist ein Ort, den wir nach Lust und Laune ausstaffieren mit Düften und Klängen, wiegender Bewegung, Liebeserinnerungen und Traumlandschaften, was nicht hindert, daß er uns gelegentlich auch ganz anders, als Folterkammer, vor Augen steht. Das Garnichtsempfinden ist unausdenkbar, der oft zum Vergleich herangezogene Schlaf ist glühendes Leben, wie die wissenschaftlichen Beobachtungen der Hirntätigkeit Schlafender

Marie Luise Kaschnitz, Orte, Insel Verlag, Frankfurt/M 1973

beweisen. Die Schatten der griechischen Unterwelt hatten keinen sehnlicheren Wunsch als den, sich am warmen Blut der Lebenden sattzutrinken, und nur die östlichen Religionen kennen das Nichtsein als einen Ort der Ruhe, der Befreiung und des Glücks. Das christliche Jenseits ist viel problematischer, allein durch die Vorstellung vom Jüngsten Gericht, vom Höllensturz der Verdammten, dramatische Geschehnisse, die gerade den Frommen mit Furcht und Schaudern erfüllen. Schutzmantel und Gottes Schoß sind als Kindheitserbe für mich noch beruhigend, jedenfalls gemessen an dem Gedanken, der mich neuerdings heimsucht, dem Gedanken nämlich, es könne das Jenseits so etwas wie ein ewiger Indochinakrieg sein, ein nicht endendes schauriges Leiden, an dem wir, nicht mehr geschützt durch den irdischen Selbsterhaltungstrieb, in Ewigkeit teilzunehmen hätten. Umherirren, Hunger und Bombenhagel, und womit hätten wir auch den Seelenfrieden verdient? Das Wort PAX, das auf den alten Grabsteinen steht, gewinnt eine neue Bedeutung, Frieden, nicht vor dem eigenen schlechten Gewissen, sondern vor dem Gewissen einer Menschheit, die sich unaufhörlich selbst zerfleischt. (S. 123)

Die Kaiser-Wilhelm-Gedächtniskirche in Berlin, und die alte Vater-unser-Bitte: vergib uns unsere Schuld – die paar Worte, einmal mit Inbrunst ausgesprochen. Von der Inbrunst ist etwas zurückgeblieben, ein kleines inneres Brennen, seltsam genug. Denn an Schuld weigern wir uns doch zu glauben und fühlen uns entschuldigt von vornherein. Wir erklären unsere Verfehlungen mit unserer Erbmasse, unserer Umwelt, unserer Erziehung, unseren neurotischen Anlagen, unschuldig sind allenfalls Kinder, und auch die nicht, was liest man nicht alles über sechsjährige Diebe und elfjährige Mörder, und müßten diese, einmal zu Verstand gekommen, nicht ihrerseits vergeben, ihrem Schöpfer vergeben, der sie so werden ließ? Es wird da aber, bei der alten Gebetszeile, noch einmal das Wort zauberkräftig und ruft die Empfindung hervor, nicht wir müßten Verzeihen vollbringen, sondern sie würde uns abgenommen auf wunderbare Weise, mit diesem Anruf, dieser Bitte, und nicht im kindlich-törichten Sinn. Als

Kind hat man sich wohl gefragt, was man denn gesündigt habe, die freche Antwort, die schludrige Schularbeit, und hat dabei gefühlt, daß mit der Schuld etwas anderes gemeint sein müsse, etwas, das erst noch auf einen zukommen würde, etwas ganz Entsetzliches gewiß. Deshalb der Schauer, deshalb die Inbrunst, und wie sehr hat man sich gegen das Schreckgespenst Erbsünde gewehrt. Es ist aber doch gekommen und hat Mitschuld geheißen oder Mitverantwortung, war also gar nichts Persönliches und doch etwas Persönliches. So höre ich am Ende des Lebens die alte Vaterunser-Bitte wieder mit der alten Ergriffenheit. (S. 208)

□ Der Tod hat die Autorin sicherlich persönlich, in ihrer privaten Sphäre tief getroffen. Aber sie hat nie trennen können zwischen dem, was sie in ihrer Ehe erlebte, und dem, wie sie die Zeitgeschichte, das Leben um sich herum erfuhr. Sie hat an den politischen Geschehnissen intensiv teilgenommen. Sie hat mit die eindrucksvollsten politischen Gedichte der Moderne geschrieben. Schaudernd nur kann sie daran denken, nein muß sie es an sich selbst erleben, daß Menschen immer noch Menschen foltern. Sie überträgt diese Erfahrung auf ihre Vorstellung vom Jenseits. Sie findet keine ruhige Gewißheit dabei, daß sie nun einmal hat einsehen dürfen, daß der geliebte Mann beim Vater ist. Sie hat sich auch nicht beruhigen können bei der Formel, die sie für sich selbst hat finden können, daß „am Ende alle eingehen werden in Gottes Liebesmacht“. Sie erlebt immer wieder das Stehen im „Zwischen“. Die Gewißheiten sind ungewisse Gewißheiten. Dazu braucht es Mut. So hat sie es einmal in dem Gedicht „Nicht mutig“* ausgedrückt:

Die Mutigen wissen
Daß sie nicht auferstehen
Daß kein Fleisch um sie wächst
Am jüngsten Morgen
Daß sie nichts mehr erinnern
Niemandem wiederbegegnen
Daß nichts ihrer wartet

Keine Seligkeit
Keine Folter
Ich
Bin nicht mutig.

Daß die Menschen Schuld untereinander auf sich laden und man Schuld nicht nur verkürzen kann auf das, was einer willig, trotz besserer Einsicht getan hat, bringt die Autorin auch des öfteren zur Sprache. Sehr hart hat sie es in dem politischen Gedicht „Zoon Politikon"** ausgedrückt:

Vom Übel sein
Wir sinds.
Wir sind vom Übel.

Später hat sie ergriffen die Zeile des Vaterunsers wieder aufgenommen und für tragend erkannt, daß das Verzeihen nicht von den Menschen kommt, sondern daß Gott verzeiht, daß das etwas ist, das an den Menschen geschieht, das ihnen geschenkt wird.

□

Denn die Gnade Gottes ist erschienen, um alle Menschen zu retten; sie erzieht uns dazu, unsere Gottlosigkeit und unsere irdischen Begierden aufzugeben, besonnen, gerecht und fromm in dieser Welt zu leben und auf die selige Erfüllung unserer Hoffnung zu warten: auf das Erscheinen der Herrlichkeit unseres großen Gottes und Retters Christus Jesus. *(Titus 2,11–13)*

*Marie Luise Kaschnitz, Kein Zauberspruch, Insel Verlag, Frankfurt/M 1972, S. 57
**Marie Luise Kaschnitz, Vom Übel sein, in: Ein Wort weiter. Gedichte, Claassen Verlag, Hamburg 1965, S. 66

Ein Gedicht zu Ostern

Am Feiertag

Als die Osterglocken läuteten
Mit den Tönen h e g fis
War ich siebzig Jahre und siebzig Tage alt
Ich hatte erfahren
Daß siebzig Jahre ein Loch sind
In das einer fällt
und sich rettet an schlüpfrigen Wänden

An Ostern war ich so weit
Daß ich hoch oben
Die kleine Sternmagnolie sehen konnte
Und wie der Wind ihr die Blüten zerriß

Im Fernsehen wurde der Attentäter gezeigt
Der Gärtner Sein rundes törichtes Gesicht
Und sein feststehendes Messer
In Hottes Wolfsschanze
Einer Kneipe in Berlin
Legen wie wieder alten Platten auf
Vor allem diese: Preußens Gloria

In San Giovanni im Lateran
Sah ich die Kerzen alle zurückgekehrt
Die schwarzen Banner der Trauer rot überhangen
Die hölzernen Ratschen
Gaben ihr unterweltliches Knarren auf
Auch die Ungläubigen atmeten freier

Marie Luise Kaschnitz, Kein Zauberspruch, Insel Verlag, Frankfurt/M 1972, S. 96f

Als die Osterglocken läuteten
Hatten auf der Straße
Schon ein paar hundert Autofahrer
Ihren Geist aufgegeben
Das große Schlachten
Wie wenn am Feiertag
Hatte begonnen

Heuer wurden zur Osterzeit
In einigen Städten
Mondsteine herumgereicht
Authentisches aus dem Astronautengepäck
Nichts Besonderes
Einfach Geröll

Le fond de l'air est froid
Sagte meine Mutter
Die noch französisch erzogen worden war
Le fond de l'air . . .

Diese ärmlichen Vorfrühlingsfreuden
Weidenschleier
Und Eidottergelbes
Dahinter die häßlichen Häuser
Und Auferstehung.
Das Wort
Auferstehung.

□ Ein unfeierliches Ostergedicht. Das Gedicht wird mit Glokken eingeläutet. Daneben stellt die Verfasserin die Einsicht über ihr Leben, das mühsam um Rettung aus dem Loch kämpfen muß, das ständig in der Gefahr steht, abzurutschen an den Wänden, die keinen festen Halt geben, in denen es keine Steigbügel gibt, sondern an denen man jeden Moment wieder in die Tiefe hinabrutschen kann. Die zweite Strophe gibt ein anderes Bild von „Feierlichkeit": Schönheit der Blume auf der einen Seite; auf der ande-

ren Seite zerstört der Wind, eine Naturkraft, diese schöne Blume. In der dritten Strophe sammelt die Autorin Eindrücke aus dem Fernsehprogramm und was sonst so um sie herum geschieht. Eine Szene, die typisch österlich ist (falls man sie überhaupt noch sieht), gibt die vierte Strophe. Die Basilika erglänzt wieder, die Kerzen brennen wieder, das Schwarz der Trauer ist weggenommen, und die schrecklich klingenden Ratschen haben aufgehört, die Glocken schellen wieder. Aber von der nächsten Strophe an steht wieder eine andere Seite des Tages im Vordergrund, die ganz unösterlich ist: der Tod auf den Straßen, am Fest des Lebens. Marie Luise Kaschnitz beschreibt dann das Aufsehen um das Mondgestein, die Erinnerung an die Mutter, daß „kalt" das Vorherrschende in der Natur ist. Am Schluß ein Hinweis auf die schönen Seiten des Vorfrühlings, schöne Naturbilder und, fast wie am Rand, der Hinweis auf Ostern.
Innerhalb des Werkes der Autorin ist sicherlich Ostern, das Wort Ostern, nicht nur ein Wort, eine leere Hülse, sondern das Wort und die Zuversicht, auf die sie hin lebt, zumindest leben möchte. Die Autorin zieht den Leser hier in das Nachdenken darüber, was für ihn das Vorherrschende an Ostern ist, irgendein Feiertag, ein Frühlingsfest, ein Tag, an dem vielleicht bestimmte Riten oder Gefühle fällig sind, oder wie er für sich selber diesen Tag noch füllen kann oder wie erfüllt dieser Tag in seiner zentralen christlichen Sinndeutung ist. □

Wir aber, die dem Tag gehören, wollen nüchtern sein und uns rüsten mit dem Panzer des Glaubens und der Liebe und mit dem Helm der Hoffnung auf das Heil. *(1 Thessalonicher 5,8)*

„Wenn sie weise sind . . .“

Nachtgebet

Junge Leute werden manchmal wach
Und wissen, daß sie sterben müssen.
Dann erschauern die kurz,
Und sehen verschiedene Bilder,
Und denken: Jeder muß sterben, und
Es ist noch Zeit.

Alte Leute werden manchmal wach
Und wissen, daß sie sterben müssen.
Dann wird ihr Herz bang,
Denn sie haben gelernt,
Daß Niemand weiß, wie Sterben ist,
Daß keiner wiederkam, davon zu künden,
Daß sie allein sind, wenn das Letzte kommt.
Und wenn sie weise sind,
Dann beten sie. Und schlummern weiter.

□ Das „Nachtgebet“ wurde im „Börsenblatt des Deutschen Buchhandels“ anläßlich des Todes von Carl Zuckmayer am 18. Januar 1977 publiziert. Mancher hat sich vielleicht über diesen Text gewundert oder geärgert. Er erscheint vielleicht zu einfach und zu undifferenziert. Was Carl Zuckmayer sagen will, sei erläutert mit einem Beispiel aus der modernen Literatur.
In ihren „Memoiren einer Tochter aus gutem Hause“ (1974) schreibt Simone de Beauvoir über die Zukunft, die sie sich als 16-jährige ausmalte: „Sie (die Zukunft) war noch fern genug, um mich nicht zu erschrecken, aber sie faszinierte mich schon. Dieser

Carl Zuckmayer, Nachtgebet, in: Gedichte, Fischer Taschenbuch-Kassette, S. Fischer Verlag GmbH, Frankfurt/M 1976

Sommer vor allen anderen berauschte mich mit seinem Glanz. Auf einem grauen Granitblock saß ich an den Ufern des Teiches, den ich im Vorjahr . . . entdeckt hatte . . . Ich lehnte mich an die Haselnußhecke, der Abendwind umschmeichelte die Spindelbäume, strich über mich hin, peitschte mich, und ich vertraute mich ganz seiner Süße und seiner Heftigkeit an. Die Haselnußsträucher erhoben raunend ihre Stimme und ich verstand ihr Orakel: Ich wurde erwartet, erwartet von mir selbst. Von Licht überströmt, die Welt zu Füßen wie ein großes vertrautes Tier, lächelte ich dem jungen Kinde zu, das morgen sterben und in neuer Glorie auferstehen würde: kein Leben, kein Augenblick irgendeines Lebens hätte all die Verheißungen erfüllen können, mit denen ich damals mein gläubiges Herz betörte" (S. 141). An solche und ähnliche Bilder und Einstellungen bei jüngeren Menschen hat Carl Zuckmayer vielleicht gedacht, intensive Eindrücke des gesunden Lebens, überschießender Kraft, ungebrochener Zuversicht, eines problemlosen Selbstvertrauens und schöner, konkreter Zukunftspläne. Die Zeit spielt dann kaum eine Rolle, erst recht vielleicht nicht der Tod; es sei denn, er drängt sich mächtig über ein Erlebnis, etwa aus der unmittelbaren Bekanntschaft in das Leben des jungen Menschen ein.
Simone de Beauvoir schreibt nach etwa 40 Jahren, sie ist inzwischen über 50 und eine weltberühmte Autorin, im Rückblick auf ihr Leben in dem Band „Der Lauf der Dinge" (1973): „Manchmal ist mir der Gedanke, mich in nichts aufzulösen, genauso abscheulich wie früher. Voller Melancholie denke ich an all die Bücher, die ich gelesen, an all die Orte, die ich besucht habe, an das Wissen, daß ich angehäuft habe und das nicht mehr da sein wird. Die ganze Musik, die ganze Malerei, die ganze Kultur, so viele Bindungen; plötzlich bleibt nichts mehr . . . Dieses einzigartige Ganze, meine persönlichen Erfahrungen . . . das alles wird niemals wieder auferstehen. Wenn ich wenigstens die Erde bereichert, wenn ich etwas geschaffen hätte . . . Was denn? Einen Hügel? Eine Rakete? Aber nein. Nichts wird stattgefunden haben. Ich sehe die Haselstrauchhecke vor mir, durch die der Wind fuhr, und höre die Versprechungen, mit denen ich mein Herz berauschte, als ich diese

Goldmine zu meinen Füßen betrachtete, ein ganzes Leben, das vor mir lag. Sie wurden erfüllt. Aber wenn ich jetzt einen ungläubigen Blick auf dieses leichtgläubige junge Mädchen werfe, entdecke ich voller Bestürzung, wie sehr ich geprellt worden bin" (S. 622). Hier ist nicht nur ein Herz bang, sondern eine Frau, die sich viel bemüht und intensiv gelebt hat, fühlt sich um ihr Leben betrogen. Sie ist als Verkünderin der absoluten Emanzipation der Frau Vorbild für viele gewesen. Die Verantwortung für diese mag sie noch einmal zusätzlich belasten. Von ihrem Glauben hat sich Simone Beauvoir früh getrennt. Das Alter ist für sie eine fortwährende Katastrophe und Qual. Der Erfolg ist kein bißchen Trost.

Wie sieht die Bilanz des eigenen Lebens aus? Kann man getrost damit auf den Rest Leben zugehen? Wer weiß, wie viele Tage, Jahre oder Jahrzehnte das noch sind? Wie steht es um die Hoffnungen, die einer sich für das eigene Leben gemacht hat? Ist er enttäuscht und zieht daraus seine Konsequenzen, oder haben sie sich erfüllt? Was hat das für Konsequenzen? Halten diese Hoffnungen durch? Ob die Versprechungen sich erfüllt haben oder nicht, ob man auf sich stolz oder von sich selbst enttäuscht sein mag? Die Hoffnungen für morgen sind das Entscheidende. Für das Bestehen des Lebens sind sie ausschlaggebend. Die letzten vier Zeilen des Gedichtes sind für den einen oder anderen vielleicht schwer mitzuvollziehen. Einer, der wiederkam, war Jesus. Kann einer sich daran halten, und welche Zuversicht wächst ihm aus dem Glauben an Jesus zu? Dann ist er vielleicht nicht allein, wenn der Tod auf ihn zukommt. Den vorsichtigen Wenn-Satz von Carl Zuckmayer in der vorletzten und letzten Zeile könnte man umformulieren in: Wer weise ist, betet. Aber das Beten-Können ist nicht abzulösen von dem Gesamt eines Lebens und von der Situation des Menschen im Alter. Wenn er gläubig ist, kann er Zuflucht im Gebet finden und mit jenem ein Gespräch halten, der schon am Anfang seines Lebens an seinem Weg gestanden hat, von dem er ausging, Gott.
In seinem Erinnerungsbuch „Als wär's ein Stück von mir"* gibt Carl Zuckmayer Aufschluß über sein religiöses Denken: □

Ich war katholisch – das war bei uns selbstverständlich, es gibt wenig Andersgläubige in dieser Gegend, und meine väterliche Familie war, solange man sich erinnern konnte, katholisch gewesen. Aber auch das halte ich für einen der Glücksfälle meiner Jugend. Gerade das Selbstverständliche dieser Zugehörigkeit zu einer Religionsgemeinschaft, deren Ritus in uralten Formen verwurzelt ist, zu einer Kirche, in der das Mysterium der Menschwerdung, das Wunder der Transfiguration in jeder Messe neu geschieht: aber das Kind läuft in die Kirche wie in den Bäckerladen, es ist nichts pietistisch Würdeloses oder Griesgrämiges dabei, hier riecht es nach warmem Brot, dort nach steinkühlem Weihrauch; das Kniebeugen, Niederknien, Händefalten, Kreuzschlagen, das Klingeln der Meßglöckchen, das Heben der Monstranz und das Klopfen an die Brust während der tiefen Stille der Wandlung, das alles fügt sich ins tägliche Leben ein wie Schlafengehn, Aufstehn, Anziehen, Lernen, Spielen – es ist der Sonntag, der allen gehört, und an dem der dicke schwarze Mann aus dem Pfarrhaus sich in eine Heiligenfigur mit prachtvollen Gewändern verwandelt. Nicht, daß ich andere Religionen für schlechter hielte. Aber das war nun die meine, und sie bot mir, in der Kindheit, die Erwekkung eines inneren Lebens, das Fleisch und Blut durchdrang, zeitweise das Glück der unbedingten Gläubigkeit, später, im Heranwachsen, aller Kämpfe, Zweifel, Geisteskrisen, die zum produktiven Dasein gehören, bis zum Abfall, aber niemals bis zur Gleichgültigkeit – und schließlich, über alle Stiegen und Stufen hinweg, das gelassene Wissen um die Wahrheit des Kinderglaubens.

Laßt uns das unwandelbare Bekenntnis der Hoffnung festhalten, denn er, der die Verheißung gegeben hat, ist treu.

(Hebräer 10,23)

Von Trost und Glück

Ich bin ganz unheimlich für Trost empfänglich und auch tröstbar, und ich fange jeden Tag mit einem Hoffnungstraining an, und ich wäre gern die Therese von Konnersreuth, und ich bin so versessen auf Trost, daß ich mir viele Trosttricks in den Tagesablauf eingebaut habe. Es versteht sich von selbst, daß es, wie immer mit Tricks und wenn man noch am Anfang seiner Akrobatenlaufbahn steht, daß es Mißerfolge gibt, Ausrutscher und so was. Vor dem Einschlafen bin ich am besten dran. Ich rede mit dem lieben Gott . . . ich gehe eure Todeserwartungen durch, ich betrachte meine eigenen Hände und muß das an mir selber üben, damit ich eure Vergänglichkeit besser verstehe angesichts meines eigenen Fleischs, meiner Haut, meiner engsten aller Verbindungen, an mir, mit mir: Herr, lehre uns bedenken, daß wir sterben müssen, damit wir klug werden – falls es nicht AUF DASS heißt. Alte Eltern, die älter und älter werden. Die anhaltende Schonzeit für das Coronarsystem meines Vaters. Fünf ärztlich genehmigte Schritte am Tag. Eine Treppe ist eine Treppe zu viel. LIEBER GOTT-Sagen ist möglich. Das liegt an mir. (S. 27)

Ich bin so wahnsinnig hoffnungsvoll, daß ich nämlich LEBE. Ich lebe überhaupt nicht ungern. Sterben würde ich frühestens dann erst wollen, wenn ich unumstößlich sicher wäre, daß es auch nach dem Sterben nicht aus ist mit mir. In das GAR NICHTS kann ich einfach nicht einwilligen. Ich hasse diesen Fatalismus, oder: dieses NA JA, aus und vorbei, nichts als Asche, Erde, Gewürm, Nichts. Ich mache das nicht mit. Das Nichts macht mir einen Ekel. Ich komme ohne Hoffnung keinen Schritt durchs Haus. Ich sitze ohne Hoffnung keinen Moment im Sessel mit der Zeitung, beim Fernsehen, meiner Frau gegenüber beim kleinen Schwar-

Gabriele Wohmann, Schönes Gehege, Luchterhand Verlag, Darmstadt/Neuwied 1975

zen, dem Espresso, beim Tee, einsilbig oder aufgelegt zu einer Gesprächigkeit. Es darf in mir keine Sekunde geben ohne Hoffnung, mein Existieren ist überhaupt nicht anders denkbar. Es bleibt selbstverständlich eine Dauerschwierigkeit, in den Vorgang LEBEN den täglichen Tod oder den Tod täglich zu integrieren. Den der anderen, denn das ist auch meiner. Es wäre ja bequem, VOR denen, die ich liebe, abzuhauen; meine Flucht, bevor es überall Ernst wird, aber die Richtung Tod geht halt doch nicht, aus ganz selbstsüchtigen Gründen hauptsächlich, eben weil ich weiterhin noch unstigmatisiert, keine Therese von Konnersreuth bin, ohne sichere Gewißheit. Weil ich nicht – außer vorm Einschlafen – getröstet an meine und an unser aller schöne sichere endlich ruhige Unterkunft denken kann, hoffnungslos wohlgemerkt, durch meinen Tag japse. (S. 29)

Plath dachte: Ich würde vielleicht wirklich freier atmen können, wenn ich nicht mehr durch verwandtschaftliche Verknotungen so entsetzlich angekettet wäre, einerseits: an die Erde, andererseits: mit dem Kopf an die Hoffnung auf mehr als die Erde. Aber diese Verknotungen, sie gehören zu den wichtigsten Bedingungen. unter denen ich lebe. Alles übrige ist Ablenkung. Beschäftigungstherapie. Obwohl ich dir widersprechen wollte, es auch noch immer will, es nur selten in den allerbesten Minuten kann, guter alter Joyce: Man lebt und weiß den Tod. Bis dahin ja, ich bin einverstanden, es geht mir nicht anders als dir. Aber ich übe mich darin, deiner Folgerung in meinem Kopf zu widerstehen, diesem Schluß, diesem fürchterlichen Satz, der leider wie ein Leitmotiv durch viele meiner Tage zieht: Alles andere ist Beschäftigungstherapie. So will ich es nicht, und doch, wie oft, guter alter Joyce, gibt mein verzweifeltes Inneres dir leider recht. Kürzlich hat in einem elendmachend oberflächlichen Fernsehfeature-Mixture über das Phänomen GLÜCK zwischen den dümmlichen Lottogewinnstrebenden- und Rennfahrern- und CSU-MdB-statements ein Theologe gesagt: Wer sich im Diesseits nicht freuen kann, der wird es auch im Jenseits nicht können. Abgesehen davon, daß mir die Erwähnung des Jenseits schon wohltat inmitten dieses erdverschmierten Glücksrummels mit Autogenem-Training-Gruppen-Leuten und ihren immer schwerer werdenden Armen, runtergesunkenem Kopf und dem Urlaubsorganisatorengeschwätz, abgesehen von diesem ganzen Blödsinn und auch der Unbeweisbarkeit so einer Theologenhypothese, habe ich ganz beruhigt gedacht: Oh ja, dann bin ich für die Freude im Jenseits ausersehen, denn ich KANN mich freuen, auch HIER, vielleicht zu intensiv, weshalb ich, einfache alternative Konsequenz, mich ebenfalls zu intensiv quälen kann. (S. 52f.)

Ich kann jetzt nicht mit dir darüber reden, Johanna, ich kann es dir nicht von Grund auf erklären, warum ich dich so gern habe, wieso das möglich ist, diese Zusammengehörigkeit, mein Angewiesensein, trotz der paar Ekligkeiten heute, würde das denn gehen ohne die transzendentale Aufsicht über uns, wäre ich gerührt über deinen Schlaf, ohne den Tod zu bedenken, und könnte ich denn den Tod bedenken, ohne Hoffnung? Ich weigere mich, nicht zu hoffen. So phantasielos werde ich bestimmt niemandem zuliebe hier auf der Erde herumleiden.
Ein guter Gedanke gegen meine Ausfrager, dachte Plath, gegen die Denkschublade Trübsal, in der ich ihnen griffbereit bin – nicht mehr länger. Glauben Sie denn, werde ich sagen, gerade einer, der von Berufs wegen mit der Phantasie umgeht und die Phantasie braucht, so einer würde reinfallen auf eure phantasielose Einwilligung in das Nichts als Definitivum, als Abschluß von allem? Kommen sie mir nicht mit den -zig Milliarden, die schon vor uns gestorben sind; seit es Menschen gibt, gehen Menschen ab, sterben dahin, das sehe ich ein, ich bin kein Idiot, ich weiß, was zu wissen ist, daß es z.B. kein menschliches Getümmel gibt auf einem andern Planeten unseres Sonnensystems, daß weit und breit dort kein Jenseits ist, ihr gescheiten Miesmacher habt ja die kosmische Ruhe mit eurer unerfinderischen Gottlosigkeit, trotz aller Widersprüche – wie kommt es denn, daß es uns einfallen kann zu beten. Leute gern zu haben, eine Zeile zu schreiben, eine Melodie zu komponieren, einen Pinselstrich zu tun. (S. 69f.)

Gernhaben, das heißt bei mir immer ZUGERNhaben, und glauben Sie ruhig: Das ist nicht einfach.
Wäre ich richtig gesund, wenn keiner mehr lebte von denen, die ich zu gern habe? Ganz indifferent, was ginge mich dann noch an. Vielleicht müßte man seine Eltern verlieren, wenn man selber noch in einem leichtsinnigen, unbeschwerten, ablenkbaren Lebensalter ist, so ungefähr mit 15, in der ersten großen pubertären Liebesaffäre, es wäre nicht so schlimm. Je älter wir aber alle werden, desto länger und inhaltsreicher wird die Lebenszeit, an die wir uns erinnern müssen, die Lebenszeit dessen, der aus der Welt herausgenommen wird. Ich begreife nie, wenn die Leute sagen: Nun ja, er hatte ein langes Leben, sein Tod ist nicht tragisch, er hatte seine Zeit. Er oder sie. Oder wenn, beim Gegenteil, ein junger Mensch stirbt, sie lamentieren: Wie schrecklich, mitten aus dem Leben herausgerissen, so jung noch, solche Chancen, was für ein erbarmungsloser Tod. Einen, der früh stirbt, habe ich nicht so genau gekannt, um so genau in jeder Einzelheit um ihn trauern zu müssen, ich werde ihn nicht so schrecklich wie den ganz Alten vermissen, er wird mir sogar weniger leid tun, er hat weniger, woran er sich erinnert. Mir tun die ganz alten Leute leid, die langsam sterben: Sie haben von so unheimlich viel an Welt Abschied zu nehmen, sie trennen sich von einer so ungeheuerlichen langen Phase, wie fremd muß ihnen alles sein, das nicht EXISTIEREN ist.
Man muß heraus aus dieser elenden verödeten unbeantwortbaren Gottlosigkeit, dachte Plath, und doch war er manchmal abends im Bett einfach zu erschöpft, um sich auf seine spezielle Art zu beten – mit seinem göttlichen Komplizen zu reden – befriedigend zu konzentrieren, das Schlafmittel fing an, ihn in die Bewußtlosigkeit abzuholen, und er versteifte sich nur noch auf beschwörende LIEBER GOTT-Interjektionen, kam nicht weiter, dann beschloß er, einfach das VATERUNSER zu memorieren, er fühlte sich schäbig, wenn er, ohne noch einen Gedanken gefaßt zu haben, lediglich so wegschlief. BEHÜTE SIE: dazu reichte es allerdings eigentlich immer noch gerade. Nur war oft nicht mehr genug Bewußtsein in ihm, um die Bitte mit einer Inständigkeit aufzufüllen, um die Wörter nicht bloß zu denken. (S. 50f.)

Als DOZENTIN WEISS JOHANNA WAS EINE MINUTE IST. Waren Frauen insgesamt lebenstauglicher, befanden sie sich sowieso in der Bodennähe oder standen sogar richtig drauf, auf dem Boden? Johanna: ja. Die Ehe muß zwei Personen lebensfähiger machen. Johanna macht mich lebensfähiger. Was tue ich für sie? Gut, ich bin ihre Aufgabe. Sie hat gern Aufgaben. Jeder Mensch braucht Anerkennung, sagen die Psychologen. Ich sage ihr oft, daß sie mich lebensfähig macht. Im Positiv, denn immer Komparativ ist es weniger eindrucksvoll: lebensfähiger. Nein: lebensfähig. Johanna wirkte beim Reisen, wenn es sich – sehr selten – ergab, daß sie mitfahren konnte, oder in den Ferien, wenn es selbstverständlich war, daß sie mitfuhr, sie wirkte vorher und unterwegs und andauernd wie ein Beruhigungsmittel auf Plath . . .

Johanna redet kaum über ihren Beruf. Aus der Entfernung, die sie selber sich wünscht – und die auch ich mir für meinen Beruf wünsche, dachte Plath, leider rückt mein Beruf uns beiden Tag für Tag zu nah und treibt sich rum in unseren Unterhaltungen – nur von weitem weiß ich, was sie da in ihrem Kolleg macht und nicht so gern macht, sie hat zu tun mit Sprachlabortechnik und solchem Zeug, mit Tonbändern und Stoptasten und Rückkopplungen, und ich weiß eigentlich nur, weil sie es manchmal sagt, daß sie die Kopfhörer nicht ausstehen kann, sie drücken, sie machen ihr Kopfweh.

Er empfand jetzt eine betrübte Sympathie für seine Frau, die sich mit solchen realen Materialien abgeben mußte. Sachen, die er sich ersparen konnte und die er außerdem in eine uninteressierte Unbekanntheit von sich wegschob. Wie wenig kümmerte er sich um ihren Alltag vormittags mit Kollegen, dem Sekretariat, den jungen Ausländern, dem Chef. War es nicht bescheiden von ihr, einfach nur zu seufzen? . . .

Sobald aber Johanna – so wie vorhin – sich einmischte, ihn nach seinen Fortschritten beim Organisieren der Papierunordnung fragte, nach seiner Arbeit, hörte sein Mitgefühl für sie auf. Sie war im Recht, deshalb war er ergrimmt. Deshalb erlaubte und verordnete er sich auf der Stelle eine Stinkwut und er empfand sie.

Ob er nun Sprachlabor samt Dozentin samt bestürztem Erbarmen für Johanna samt Groll auf Johanna – der ungerechte Groll und ihr verständliches, eigentlich normales Interesse an seiner Arbeit – verwendete oder nicht, Plath empfand das Schreiben als eine Art Hausfriedensbruch. Das Schreiben und die Schreibpausen. Die Unlust und das Weiterkommen. Das Reden oder das Schweigen über das Schreiben, entweder von ihm peinlich unterdrückt oder überdreht. Wenn er von selbst gesprächig wurde, bereute er es kurz darauf. Das Elend der in die Poesie einer Tee- oder Espressopause integrierten Prosa. Plath wollte mal wieder mit Johanna in ein ganz langweiliges, ganz großes, wichtiges, renommiertes Museum gehen, in einer ausländischen Metropole, darin sie verantwortlich war für die Topographie und für die Restaurants, für alles, im Hotelzimmer würde sie Stadtpläne studieren und Bemerkenswertes, Sehenswürdiges vorlesen, und er würde fast nicht zuhören und später mitgehen, einfach so, ausgeklammertes Schreiben, endlich.
Es kam kaum je vor, daß sie ihn mit den Worten DAS KÖNNTEST DU ABER MAL VERWENDEN an seine Arbeit erinnerte. Nach so einem kurzen Pech und Rückfall, Reinfall, sagte Plath zu Johanna, die verstörter und in ihrer stillen Blässe getroffener aussah als er, der soeben fluchend den Hinweis abgetan hatte: The end ist, where we start from. T. S. Eliot. Wo war der Zusammenhang. Sozusagen nirgendwo. Plath spürte seine Gemeinheit. Wenn man einem anderen, der arglos neben dir durch eine unbekannte schöne Stadt geht, sagen wir Wien, der arglos eine Bemerkung, eine überdies gutgemeinte Bemerkung, gemacht hat, diese Momente, diese Außenwelt, die dir verdorben worden sind, wenn man sie einem andern mitverdirbt. Alles, was ich so gern habe, dieses Herumlaufen jetzt hier – sie hat mir zuvor erklärt DAS IST DER JUDENPLATZ DA IST DAS UHRENMUSEUM – könnte ich doch ruhig weiter so gern haben. Stattdessen habe ich die ausschließlich auf mich und auf das, was ich so gern habe, bezogene Johanna in meine unvermutete Unfähigkeit des Genußvollzugs hineingezerrt. In meine schwere Unlust und Verzweiflung. Satz für Satz, gesprochen oder verschwiegen, Satz für Satz.

Verdammt, wenn man sich das zuschulden kommen läßt. Wenn man über die rote Farbe des neuen Autos höhnisch-bitter spricht. Johanna das Rot vermiest. Sie hat das Rot gern, es ist außerdem die sicherste Autofarbe. Grün war mir tausendmal lieber. Ich mag überhaupt nur dunkle Autos. Wenn man so redet wie ich es getan habe, dachte Plath, ich Schuft. Wenn man einfach alles zertrümmert, die kleinsten wichtigsten Geborgenheiten und Schutzhüllen auch des andern.
Plath sah sich bei seinen Zerstörungen hilflos zu . . . Mitleid für Johanna. Ich muß mich aufraffen. Ich muß alles schleunigst rehabilitieren. Ich muß WIE WÄRS MIT EINEM MILLIRAHMSTRUDEL sagen. ABENDS IN GÖSSERS BIERKLINIK sagen. Beim Spaziergang durch unseren Waldbereich zu Haus was Freundliches über den Bach. Johanna freut sich über den endlich nicht mehr ausgetrockneten Bach und sie bleibt immer auf der Brücke stehen. Sie weiß heute, wegen meiner Übellaunigkeit, nicht, ob sie auch heute wieder stehenbleiben soll. Also muß ich es sein, der stehenbleibt und der WIE ANGENEHM IST DAS FEUCHTE WETTER sagt. Unterdrückte Tränen. Tränen braucht sie nicht zu sehen, das wäre ihr wieder zu übertrieben, zu viel Reue paßt nicht. Jeder Bach beschwört mir Franz Schubert mit Goethe oder Wilhelm Müller. Das bodenlose Heimweh, heimwehverloren an einem Boden. O verdammt, mein Mißbrauch einiger Tagesstunden, ich schaffe um uns herum eine ganz mißbrauchte Welt. Ich will, daß wir wieder Gebrauch von ihr machen können. Aber was kann ich tun, aber wie ist mir zu helfen? Jetzt bin ich ganz weit weg hier bei mir. Ich sehe die Schönheit, ja, aber ich vernehme sie nicht in mir, sie nimmt keine Gestalt an in mir . . . Das Elend dieser Isolation, Sätze, die barsch klingen, Sätze, die sich anhören wie Sätze zwischen Leuten, die sich nicht gut kennen und nicht mal gut leiden können. Wie verkehrt ist das alles. Plath dachte: ich verderbe ihr jeden Schritt, arme Johanna, schuldlose Johanna, ahnungslose Johanna . . . (S. 206–210)

☐ „Ich habe wirklich vor, ständig an der Ermöglichung von irgendwas Gutem, Richtigem, Schönem zu arbeiten, an diesen winzigen Anstiftungen zum Glück", sagt die Hauptfigur des psychologischen Künstlerromans „Schönes Gehege". Der Schriftsteller Plath begegnet dem Fremdbild von sich. Über ihn und mit ihm wird ein Film gedreht. Der Regisseur Roll will der literarischen Öffentlichkeit den berühmten Schriftsteller so präsentieren, wie ihn diese Öffentlichkeit kennt, als einen Mann mit dem dunklen Blick, der schonungslos und hart der Zeit die Wahrheit, die unbequeme Wahrheit sagt, ihr die Maske der Verlogenheit und der Infamie, ihre Verdorbenheit und Abgründigkeit herunterreißt. Aber Plath stellt bei der Konfrontation mit dem Drehbuch und der Realisierung fest, daß er eigentlich etwas anderes will. Sicherlich hat er sich früher so verhalten. Aber in der Auseinandersetzung mit dem Fremdbild merkt er, daß er etwas ganz anderes will: daß er nicht übellaunig alles mies machen möchte, sondern daß es bei ihm „genau das Gegenteil (ist). Ich habe unheimlich große Hoffnungen. Und UNTRÖSTLICH? Das ist doch auch so abschließend. Ich bin scharf auf Trost. Und tröstbar. Immer von Fall zu Fall."

Dem Schriftsteller Plath fällt diese Suche nach dem Glück und das Verhelfen zu mehr Glück nicht leicht. Er leidet an der Realität, vor allen Dingen an der eigenen. Die Realisierung der Vorsätze, vor allem eine gute Beziehung zu seiner Frau, fällt ihm nicht immer leicht. Er steht sich mitunter selber störend im Weg. Er kann sich plötzlich bockbeinig, schlecht gelaunt und destruktiv verhalten. Und er hat auch nicht immer den Mut, dem Regisseur zu sagen, was er eigentlich will und wie er sich selber empfindet. Seine Frau Johanna, die für ihn sehr viel Verständnis hat, leidet mitunter unter seinen Launen sehr. Aber sie versteht ihn, sie liebt ihn. Das Filmprojekt wird am Ende dann auch in Frage gestellt, wahrscheinlich nicht abgeschlossen, weil Plath nicht so im Film auftreten will, wie es die Verfasser des Drehbuches, das Rollenbuch und der Regisseur Roll es wollen. Plath möchte als der gezeigt werden, der er ist bzw. als der, der er sein möchte. Aber das interessiert nach Meinung des Regisseurs niemanden.

Plath steht in heftigen Auseinandersetzungen mit sich selbst. Es geht bei ihm auf und ab. Er hat gute und schlechtere Tage. Er muß

mit sich selber kämpfen.
Aber das Buch macht deutlich, daß er einige Menschen als Bezugspersonen und Gott als absolute Realität hat, an denen er sich orientieren kann. Einmal hat er ein gutes Verhältnis zu seinen alten Eltern. Sie empfinden mit der Last seiner Arbeit mit, er telefoniert häufig mit ihnen, und die Anteilnahme der Eltern trägt ihn. Stütze und Halt, Zuflucht in seinen Ängsten und den Beschwernissen seines Schriftstellerlebens ist dann seine Frau Johanna. Und schließlich und zentral hält er sich an Gott. Er glaubt, er hofft mit großem Nachdruck. Aber diese Beziehungen und die entsprechenden positiven Haltungen zu den Eltern, zu Johanna und zu Gott muß er sich erkämpfen, ausgestalten. Er muß seiner Zerstörungswut und den destruktiven Kräften in sich selbst das Glück, die Hoffnung und die Liebe, die Behutsamkeit abringen. Das Schreckliche in ihm selbst und um ihn herum drängt ihn auf das Positive hin, gefährdet aber zugleich den Zugang dazu. Die düsteren Verhängnisse müssen immer wieder überwunden werden. Plath muß das Unheil, das ihn von allen Seiten zu bedrohen scheint, vor allem aus seiner Arbeit, überwinden. Die Impulse des Hoffens und des Liebenwollens müssen sich behaupten gegenüber den starken Ängsten und Schrecken. Arzneimittel müssen ihm dabei auch helfen.
Der Regisseur Roll mahnt ihn, den bösen Blick zu behalten. Aber gerade das bringt ihn dazu, ihn erst recht nicht haben zu wollen. Er möchte nicht jemand sein, dem man aus dem Weg geht. Überall Böses zu finden, fiele ihm nicht schwer. Aber gerade diese Unkompliziertheit macht ihn skeptisch. Seinen Blick auf die Realität so zu beschränken, ist ihm zu einfach. Er muß differenzieren, und genau dadurch wird ihm das Glück ansichtig und entsteht in ihm ein Sinn für Glücksgefühle. Er kann glücklich sein über ganz einfache Dinge, die manchem kitschig erscheinen oder banal. „Johanna den Matjes des Tages bringen, ist Glück“; ebenso ein Schaufensterbummel, eine vergammelte Schaufensterauslage, die Produkte der Andenkenfabrikation. Er erlebt dies immer wieder im zwanglosen, im befreienden, im entspannenden Zusammensein mit seiner rücksichtsvollen und verständnisvollen Frau.

Er nimmt die vielen kleinen Geschenke, die sie ihm macht, z.B. das Warten auf ihn zum Kaffeetrinken, als Glücksempfindungen. „Versöhnlichkeit, Behutsamkeit. Wenn zwei Leute, die verheiratet sind, mit den Jahren lernen, aus dem, was sie, als verliebte Planlosigkeit, zusammengebracht hat, etwas so Behutsames, Verwandtschaftliches zu machen: eine große Sache, gnädiges Glück. Ich finde das lebensfroh todernst, todernst lebensfroh, das ist das gleiche." (S. 288)
Gabriele Wohmann stellt in diesem Buch einen sensiblen Mann dar, der sich aus einer Blickverengung löst. Das Leben ist für ihn nicht leicht. Er leidet an der Realität um sich herum, und er trägt an sich selber schwer. Aber er öffnet sich neue Räume, er befreit sich von der Verengung des Sehens und Empfindens. Er arbeitet an sich selber und versucht, bedrohte Dimensionen seines Lebens ins Auge zu fassen und zu leben. Das ist eine harte und schwierige Arbeit. Aber er weiß: „es liegt an mir". Er ist aber gewöhnt, die Zielvorstellung zu realisieren, indem er sich übersteigt, sich anvertraut, anschmiegt. Er macht nicht einen selbstbezogenen Selbsterlösungsversuch, sondern vertraut sich der interpersonalen Beziehung und der Transzendenz an. Vielleicht ist es für den Leser möglich, in die eine oder andere Erfahrung hineinzufinden, mit Plath „Ich" oder ein distanzierendes „Er" zu sagen. Die Beziehungen zu nahen Menschen, auf die der Blick vielleicht im Laufe der Zeit verstellt worden ist, und die vielleicht bedrohte Beziehung zu Gott könnten dabei helfen. □

Laßt euch vom Geist leiten, dann werdet ihr das Begehren des Fleisches nicht erfüllen. Denn das Begehren des Fleisches richtet sich gegen den Geist, das Begehren des Geistes aber gegen das Fleisch; beide stehen sich feindlich gegenüber, so daß ihr nicht imstande seid, das zu tun, was ihr wollt. Wenn ihr euch aber vom Geist führen laßt, dann steht ihr nicht unter dem Gesetz. (Galater 5,13–18)

Ich bin meinem Heimatrecht auf der Spur

Ich bin meinem Heimatrecht auf der Spur
dieser Geographie nächtlicher Länder
wo die zur Liebe geöffneten Arme
gekreuzigt an den Breitengraden hängen
bodenlos in Erwartung –

□ In der ersten Zeile nennt Nelly Sachs den Gegenstand ihres Suchens, in einem einfachen Aussagesatz, der in den späteren Zeilen durch Beifügungen ausgeweitet wird: Sie sucht ihr „Heimatrecht". Sie ist also auf der Suche nach einem Ort oder dem Landstrich, in dem es ihr ein sicheres Recht ist, daß sie dort ist und daß ihr das guttut. Die Autorin hat an sich selbst erlebt, was Heimatlosigkeit und Vertreibung bedeutet.

Zu Heimat assoziiert sie das Wort „Geographie". Geographie und Heimat sind bekannte Wörter, ebenso wie Länder und Heimat für das, womit Orte bezeichnet werden, aber diese Geographie ist eine Geographie nächtlicher Länder, d.h. es sind Länder des Todes, des Leids und der Zerstörung, also gefährlich und schrecklich.

Die „Nächtlichkeit" wird in der nächsten Zeile weitergeführt: Die Autorin bleibt im „geographischen" Sprachbereich. Die Zeilen drei und vier gehören grammatikalisch zusammen. Das Bild des Gekreuzigten wird verwendet. Die Kreuzigungsbalken sind die Breitengrade. Da hat jemand die Arme geöffnet, um Liebe zu geben. Aber er wird grausam genagelt. Christus und sein Kreuzestod kommen in Erinnerung. Er steht für die vielen Leidenden. Die Autorin verwendet ein kosmisch weites Bild. Das Kreuz sind die Längen- und Breitengrade, und die haben überall auf der Erde

Nelly Sachs, Späte Gedichte, Suhrkamp Verlag, Frankfurt/M 1968, S. 187

ihre Schnittpunkte. Die Breiten- und Längengrade sind ein Netz über die ganze Welt, ein Kreuznetz. Überall sind diese Netze. Aber am Schluß steht die Erwartung. Die geographischen Bilder verlieren ihren Hintergrund in dem „bodenlos". Diese Sehnsucht auf ein verbürgtes Recht auf Heimat hat nicht seinen Ort auf dieser Erde, sondern ist ohne den Boden dieser Erde, frei von ihm. Das Gedicht artikuliert am Schluß die Hoffnung auf einen von Leid freien Zustand. Der Gedankenstrich am Ende verweist darauf, daß hier weiterzureden wäre, aber die Worte fehlen. Das Schweigen der Hoffnung wird so angedeutet. Das Leid gibt hier wieder das Signal für die Sehnsucht nach der Freiheit, der Leidlosigkeit. Aber der Weltzustand ist, daß überall die Kreuze sind und über sie der Weg in die Freiheit geht. □

Nach dem Schriftwort: Ich habe dich zum Vater vieler Völker bestimmt, ist Abraham unser aller Vater vor Gott, dem er geglaubt hat, dem Gott, der die Toten lebendig macht und das, was nicht ist, ins Dasein ruft. Gegen alle Hoffnung hat er voll Hoffnung geglaubt, daß er der Vater vieler Völker werde, im Vertrauen auf das Wort: So zahlreich werden deine Nachkommen sein. *(Römer 4,17f.)*

So tief bin ich hinabgefahren

So tief bin ich hinabgefahren
über meine Geburt hinaus
bis ich den früheren Tod traf
der mich wieder verstieß
in diese singende Pyramide
um auszumessen das entzündete
Schweigereich
und ich sehne mich weiß nach dir
Tod – sei mir kein Stiefvater mehr –

☐ Das Gedicht ist dem Zyklus „Glühende Rätsel" entnommen. Der Text schildert einen Prozeß. Das Gedicht beginnt gleich mit einem „Hinabfahren". Es geht auf „den früheren Tod" zu. Dieser verweist sie, stößt sie zurück auf die „singende Pyramide". Das Ich hat sich mit dem Tod auseinanderzusetzen. Das Verhältnis zu ihm ändert sich. Er wird von einem „Er" zu einem „Du". Handelt das Ich zunächst, so wird es später vom Tod in den Griff genommen und verstoßen. Das Verhältnis zum Tod ändert sich dann von der fünften Zeile an, es entsteht ein Ich-Du-Verhältnis. Das Gedicht schließt mit der Bitte, daß der Tod etwas Vertrautes sei. Die Schriftstellerin beschreibt einen Vorgang, der, so wie ihn der Anfang beschreibt, jeden ergreifen kann, der sich mit der furchtbaren Geschichte der Neuzeit, speziell mit der Judenverfolgung, befaßt. Der Tod, den Menschen vielen anderen Menschen verursacht haben, kann zu tödlichen Zweifeln an der Würde und dem Wert des Menschen führen. Es geht dem Leser vielleicht auch so, daß er über das hinausgerät, was ihm von Anfang an (Geburt) eigen war. Und vielleicht kann der Leser auch dahin folgen,

Nelly Sachs, Späte Gedichte, Suhrkamp Verlag, Frankfurt/M 1968, S. 226

daß etwas Neues erfolgt, daß der Tod für ihn eine andere Bedeutung bekommt. Daß dieser nicht mehr etwas Unpersönliches ist, sondern daß es von einem falschen Tod zu einem Tod kommt, der nicht empfunden wird wie „ein Stiefvater". Durchgang dazu kann sein, daß einer an die Pyramide gerät, den Bereich des Todes und der unbedingten Ruhe. Die Autorin versieht die Pyramide mit einem Wort aus dem Bereich des Lebens: „singend". Leben und Tod werden in einer Formulierung zusammengezogen und darin konfrontiert. Daß die Pyramide singt, verweist darauf, daß die Pyramide und ihr Bereich nicht allein sind, sondern in einer Spannung stehen. Auf dem Weg muß das lyrische Ich das „entzündete Schweigereich" ausmessen. Die Autorin stellt das Wort „Schweigereich" allein, unterstreicht es und deutet die Last und die mögliche Belastung dieses Stehens im Schweigereich damit an. Das lyrische Ich wird bis an die Grenze geführt und belastet. Die Formulierung „entzündetes Schweigereich" ist schwer zu deuten. Jedenfalls ist festzuhalten, daß Sprache hier an die Grenze kommt, genauso wie das Verstehen. Aber dieses Schweigen, das Verstummen, das Nicht-mehr-wissen- und -deuten-Können ist notwendiger Durchgang, um zu dem zu gelangen, wovon die beiden letzten Zeilen sprechen.
Das Ich beginnt in gewisser Weise wieder zu handeln. Es überläßt sich nicht einfach dem Tod, sondern aktiviert seine Sehnsucht. Die Zeit wechselt zum Präsens. Der Tod wird zum „Du", die Sehnsucht wird mit dem Wort „weiß" verbunden. Ist es eine um Gott wissende Sehnsucht („Weiß Gott", wie es in der umgangssprachlichen Wendung heißt), oder bedeutet dieses „Weiß" einen Zustand des Reingewordenseins, der Läuterung oder etwa der Angstblässe? Das Ich bittet darum, daß der Tod ein Vater sei, wie ein Vater sei. Das lyrische Ich wäre dann das zu diesem Vater gehörende Kind. Von dem vaterartigen, väterlichen Tod möchte das Ich angenommen werden, also aus der Verstoßung, aus dem tödlichen Todesbereich, befreit werden. Der Weg durch das ausmessende Leid im Totenbereich würde in Geborgenheit enden. Die Bitte der Sehnsucht ist nicht wild und fordernd, sondern freundlich und geduldig. Die düstere Reise könnte zu einem lichten,

weißen Endpunkt kommen. Dort kommt das Ich verwandelt an.

Die Autorin artikuliert hier eine Todeserfahrung, die tiefer nicht sein konnte und sein kann, die aber von der gängigen Erfahrung heute sicherlich weit entfernt ist. Wie kann dem Leser der Tod ein vertrauter Vater werden? Stößt uns der Tod ab oder haben wir den Tod verstoßen? Sind wir an den Nöten mit dem Tod vielleicht selber schuld? Das Leid des Todes wird hier zu einem Weg in die Reife, er führt nicht zur Verzweiflung, sondern zu lebendiger, bittender und betender Sehnsucht. Nelly Sachs hat selber einmal gesagt: „Man muß glauben, daß Leiden einen Sinn hat . . . Es ist einfach notwendig"; und an einer anderen Stelle: „Der Sinn des Leidens ist nicht in einem Glauben von vornherein gegeben . . . sondern er ist aufgegeben." □

Denn keiner von uns lebt sich selber und keiner stirbt sich selber; leben wir, so leben wir dem Herrn, sterben wir, so sterben wir dem Herrn. Ob wir leben oder ob wir sterben, wir gehören dem Herrn.

(Römer 14,7)

Zuflucht

Zuflucht noch hinter der Zuflucht
(für Peter Huchel)

Hier tritt ungebeten nur der wind durchs tor

Hier
ruft nur gott an

Unzählige leitungen läßt er legen
vom himmel zur erde

Vom dach des leeren kuhstalls
aufs dach des leeren schafstalls
schrillt aus hölzerner rinne
der regenstrahl

Was machst du, fragt gott

Herr, sag ich, es
regnet, was
soll man tun

Und seine antwort wächst
grün durch alle fenster

☐ Reiner Kunze hat dem Buch „Zimmerlautstärke" ein Motto von Seneca vorangestellt: „. . . bleibe auf deinem Posten und hilf durch deinen Zuruf; und wenn man dir die Kehle zudrückt, bleibe auf deinem Posten und hilf durch dein Schweigen." Reiner

Reiner Kunze, Zuflucht, in: Zimmerlautstärke, S. Fischer Verlag GmbH, Frankfurt/M 1972

Kunze ist auf dem Posten geblieben, den er z.B. der Lyrik zuschreibt: „Das Gedicht als Stabilisator, als Orientierungsschwerpunkt eines Ichs. Das Gedicht als Akt der Gewinnung von Freiheitsgraden nach innen und außen." Der 1933 in Oelsnitz geborene Autor, der in Leipzig studierte und unter dem Druck der für ihn gefährlich werdenden Lebensverhältnisse die DDR 1977 verließ, hat sich nicht dem äußeren Druck und dem ideologisch verordneten Denken unterworfen. Seine Gedichte erstreben Freiheit. Der Autor gibt dazu aphoristische Orientierungspunkte und Signale. Er pflegt das Sinn- und Spruchgedicht, das mit möglichst wenig Worten auszukommen versucht. Dem nachdenklichen Leser gehen diese verdichteten, verknappten, ausgesparten, aber gar nicht dürren Impulse auf, wenn er sie auch auf sich bezieht. Die kritischen Töne gegen Mißbrauch von Macht und Menschen sind unüberhörbar.
Zentrale Motive dieser Dichtung sind „Rose", „Vogel", „Wunde", „Brunnen" und ganz zentral „Liebe". Sie sind Kontrapunkte zu scharf pointierten politischen Mißständen und gegen die Degradierung des Menschen im Namen gewaltsamer und gewalttätiger Systeme, die das historisch Notwendige zu wissen vorgeben. In diesem Gedichtband spricht Reiner Kunze zu seiner Tochter im Selbstgespräch. Der Autor denkt über historisch bedrängende und existentielle Fragen nach, freundlich, aber doch genau und tief. Die Sprache gerät an den Rand, weil die Fragen so abgründig sind und die Antwort so schwierig vor dem Furchtbaren, das zur Rede steht. Andere Texte befassen sich direkt oder indirekt mit Geschehnissen um die Tschechoslowakei im Jahre 1968. Dann enthält der Band Texte über die Situation von Zeit- und Leidensgenossen, wie z.B. Peter Huchel, die ein ähnlich schweres, bedrängtes Leben haben wie der Autor.
Der Autor nimmt sich dann die Freiheit, „Zuflucht noch hinter der Zuflucht aufzuspüren". Diese Gedichte stehen am Schluß des Buches, sind Höhe- und Zielpunkt dieser Texte. Sie zeigen, wo der Autor einen Sinn ergreifen kann. Das eine Gedicht wendet sich an die geliebte Frau. Kunze hat diesen Text seiner Frau Elisabeth, die aus der Tschechoslowakei stammt, gewidmet. In einem

Fernsehinterview hat er deutlich gemacht, wie tief die Liebe zu dieser Frau ist. Er schreibt an sie den Text „Auf dich im blauen Mantel“ (ebd., S. 61):

> Von neuem lese ich von vorn
> die häuserzeile suche
>
> dich das blaue
> komma
> das sinn gibt

„Blau“ und „Mantel“ sind Bilder der Hoffnung und der Geborgenheit. Der Autor verdeutlicht in den ersten beiden Zeilen seine Suche. Er schreitet den Bereich ab, wo die Menschen wohnen. Die Antwort findet er nicht in diesem Bereich, sondern die Sinngebung erscheint hinter der Absetzung, „Komma“. Der Autor setzt nicht einen Punkt hinter den ersten Teil, sondern er läßt noch eine Brücke über das Komma hinweg. Seine Frau, die Liebe zu ihr, die Gemeinschaft mit ihr ist das Besondere und zugleich das mit den Menschen Verbindende dieses Lebens.

Das letzte Gedicht des Bandes nennt dann noch ein anderes, ein höheres und größeres Du, das voller Geheimnis ist. Der Autor erklärt sich zu diesem Du hin, zu Gott, nicht im Wort der Liebe, sondern im Gebet. Gott steht in Verbindung mit der Landschaft im Regen. Ein Naturbild und zugleich ein Bild, in dem Linderung, Fruchtbarkeit und Durststillung enthalten sein können. Der Leser hat viele „Leerstellen“ zu füllen. Er muß nach seinem „Hier“ und nach dem „Wind“ und „Tor“ fragen, nach den „Leitungen“, die für ihn da sind, fragen. Was ist ihm ein „schriller Regenstrahl“? Gott tritt dem Menschen in diesem Gedicht direkt gegenüber. Reiner Kunze antwortet im Gebet und in der Frage. Und er kann die Spuren des „Grüns“ lesen. Sie sind für ihn Antwort. Für den Leser ergibt sich die Frage, wo er „Grün“ wachsen sieht und wo er „Fenster“ hat. Ein dichter, intensiver, vielsagender und zugleich voller Rätsel steckender Text, der Impuls sein kann für eine Freiheit des Lesers nach „innen und außen“. □

Gott hat euch, vom Herrn geliebte Brüder, auf Grund eures Glaubens an die Wahrheit, dazu auserwählt, gerettet zu werden . . . Denn ihr sollt zur Herrlichkeit unseres Herrn Jesus Christus gelangen.

(2 Thessalonicher 2,13f.)

▷

Friedrich Rohde, Wenn der Wind es will. Haiku und andere Gedichte mit 9 Linolschnitten von Beate Knoblich. Reihe: Neue Lyrik, Gilles & Francke Verlag, Duisburg 1975, S. 13f

Ich

Aus meinem Herzen
möchten Worte aufsteigen;
sie trauen sich nicht.

Träumend schwimm ich, daß
oft ich ertrink. Abends komm
ich wieder an Land.

Wie ein Gedicht schweb
ich, verletz mich an vielen
Wörtern in der Luft.

Die Zeit macht angst mir,
ich bin viel schwächer noch als
mein kleines Gedicht.

Meine Haiku, ich
stell wie Blumen sie in den
Krug, der nicht voll wird.

Gehe hinauf zur
Quelle. Wie weit liegt meine
Geburt schon zurück!

Ich habe Dich nötig,
Gott, wie der Fluß die Quelle,
das Land den Regen.

Wenn der Tod mich trifft,
möge ein Haiku von mir
angefangen sein!

□ Friederich Rohde, 1922 in Selm geboren und heute Realschullehrer in Wesel, ist einer der stillen Autoren im Lande. Seine Lyrik kommt aus der Stille und aus dem Verlangen nach Stille. Es sind meditative Gedichte. Er bedient sich, wie in dem Text „Ich", der selten gepflegten Form des japanischen Haiku (einer Gedichtform aus drei Zeilen zu fünf – sieben – fünf / insgesamt 17 / Silben). Er formuliert sehr knapp und prägnant. Er artikuliert Scheu und Furcht. Die Wortflut um ihn herum macht ihn wund. Die Zeit ängstigt ihn. Er geht zurück zu Wasser, Brunnen, Quelle, Landschaft, altem Bauwerk, Gestalten der Geschichte, der Kirche und der Literatur. Er möchte hinter die Erscheinungen des Modischen und des Verfalls zurückgreifen auf das, was den Menschen Freude, Friede und Geborgenheit gibt. Das, was Wort und Gedicht enthalten können, könnte dem Menschen Halt geben. Aus dem Quellgrund des göttlichen Wortes und des Sakraments kommen Befreiung von Schuld und Speise. So hat er es in dem Gedicht „Neues Leben" (ebd., S. 75) umschrieben: □

Aufgestiegen, neues Leben,
aus dem Quellengrund,
himmlisches Vergeben
tut in Dir sich kund.

Daß die Liebe wirke
in die Zeit hinein,
bleib im Gottbezirke
unser Schuldverzeihn!

Iß geheime Speise,
trink aus tiefem Quell!
Langsam wird und leise,
was hier laut und schnell.

Was einst geschrieben wurde, ist zu unserer Belehrung geschrieben; die Schrift gibt uns Geduld und Trost, und dadurch haben wir Hoffnung. *(Römer 15,4)*

Der Engel mit der Laute

aus den augen der menschen
der liebenden
der tiere und blumen
leuchtet der glanz der schöpfung –
deine schönheit, herr?

ich spüre den atem der liebe
den drang der hände:

daß sie das schöne halten
ins spiel der saiten heben
den klang aus deiner freude schöpfen
zu wort und botschaft verdichten
gib ihnen die kraft

daß lied um lied
der erde anmut und demut künde
vater
schenk händen
und tönen den hauch
deines schaffenden worts

Bruno Stephan Scherer, Alle Schönheit der Erde. Bd. 10 Hamburger Lyriktexte, Herbert Reich Evang. Verlag, Hamburg-Bergstedt 1973, S. 5, 20

Kleine Pflanze Liebe

was zwischen mensch und mensch
gewachsen ist
die kleine pflanze
liebe
– pfriemenkresse
wintergrün
zwergahorn
gekrümmte fichte –
daß es wachse
vater
regen gib und sonnenlicht
pflock und schnur
vogelschreck und rattengift

☐ Bruno Stephan Scherer ist ein christlicher Lyriker. Er stammt aus Gretzenbach (Schweiz); er wurde dort 1929 geboren. Er ist Benediktiner. Liturgie, Musik, Bibelworte und Bilder sind die Auslöser seiner Gedichte. Die Geschichte und die Kultur, die zerstörerischen und schöpferischen Kräfte des Menschen, Tragik und Komik, realistischer Sinn und christliche Hoffnung sind Motive seines Werkes.
Der Text „Der Engel mit der Laute“ ist ein Gedicht in der Tradition der romantischen Naturlyrik. In der Natur erscheint der Schöpfer. Der Text verweist vor allem auf die Liebe und das, was Hände vollbringen können: Sie sollen nicht zu Griffen der Qual, zu Schlägen, zu Tötungs- und Qualhandlungen gebraucht werden; die Hände sollen Schönes halten und Musik hervorrufen; diese Musik soll Freude stiften und weitergetrieben werden zu Wort und Botschaft. Der Autor kleidet vorsichtig das, was er dem Leser verdeutlichen will, in Fragen. Er weiß, daß die von ihm geforderte Haltung und dieses Sehen nicht selbstverständlich sind. Dazu braucht der Mensch eine entsprechende Einstellung, und

dazu braucht er Kraft. Das Gedicht betet. Gott erscheint hier als derjenige, der in der Natur aufleuchten, aufscheinen kann, der das Wesen der Dinge ist und der das Wunderbare der Welt begründet. Gott stiftet das Schöne und ist im Schönen zu ahnen. In der gläubigen Hinwendung zur Welt wird der wunderbare Aspekt der Welt wahrnehmbar.

Auch in dem Gedicht „Kleine Pflanze Liebe" wird die Natur als Analogie herangezogen. Die Liebe wird mit einer kleinen Pflanze verglichen, die ihr Grün durch den Winter behält, die klein, aber stark – aber auch vom Wind des rauhen Lebens gekrümmt sein kann. Das Wachstum verleiht auch hier wieder der „Vater", zentrale Metapher des christlichen Gottesbildes. Er garantiert das Wachsen und das Durchstehen in den rauhen Zeiten, er gibt Gedeihen, Fruchtbarkeit, Stütze und Schutz. □

Herr, unser Herr, wie wunderbar ist
auf der ganzen Erde Dein Name,
der Du über die Himmel Deine Hoheit erhebst. *(Psalm 8)*

Gott

ich bin auf dich
zurückgekommen
als ich sprachlos wurde
gott
ich bin auf dich
zurückgekommen
als sie mir sagten
da ist keine rettung mehr
gott
ich bin auf dich
zurückgefallen
als die düsen
aussetzten
als das triebwerk
aussetzte
als mein herz
aussetzte

als kein gleitflug
mehr möglich war
als kein fallschirm
mehr aufging
als alles aus war
da bin ich
auf dich
zurückgefallen
gott

wohin
sollte ich sonst
fallen
auf dich
oder
ins nichts
denn niemand war da
der mich auffing

☐ Wilhelm Willms (Jahrgang 1930) ist katholischer Geistlicher. Er wirkte lange Zeit in Krefeld und ist heute Pfarrer in Heinsberg. Er ist durch mehrere Textbände, durch Songtexte (zum großen Teil vertont durch Peter Janssens) und durch das Musical „Ave Eva“ bekannt geworden. Er bedient sich einfacher literarischer Stilmittel. Das Wortspiel und der einfache Reim, der Aphorismus und das Langzeilengedicht sind vorherrschende literarische Darstellungsmittel. Er möchte das, was die Glaubenssprache sagen will, in einer neuen Knappheit, Deutlichkeit und Intensität vor den Leser stellen. Er will die alte, z.T. erstarrte Sprache aufbre-

Wilhelm Willms, der geerdete himmel. wiederbelebungsversuche, Verlag Butzon & Bercker, Kevelaer 1976, 2. Auflage, O.1/12.4

chen, um die tiefen Inhalte wieder sagbar, erlebbar und verständlich zu machen. Die Sprachnot und die Vergreisung religiöser Sprache sind häufig beklagt worden. Es gehört viel Wagemut dazu, einen Weg zu gehen, der dem Inhalt und dem Verständnishorizont, der Aufgeschlossenheit bzw. den Vorbehalten gegenüber solchen Versuchen gerecht wird. Er unternimmt Wiederbelebungsversuche. Dabei geht er von folgendem aus (ebd.):

begeben wir uns an die stelle
wo andere
die verfasser der bibel
schon gestanden haben
als sie anfingen
zu sprechen
zu schreiben
zu umschreiben
sie haben in bildern
die aus der erfahrung
vergangener generationen
herrührten
oder mit eigenen worterfindungen
die dimension anzudeuten versucht
die dimension
aus der wahres leben
hervorbrechen kann
sie haben bild an bild gerückt
ein bild durch ein anderes zerstört
sie haben bildteile
zu neuen bildern
collagiert

Wie der Sprecher der Schrift möchte auch er sprachlich konstruktiv und deutlich sein. Die Botschaft Jesu und der Kirche muß immer wieder neu gesagt werden. Zu dem überlieferten Gut müssen die „eigenen Worterfindungen“ hinzutreten.
Wilhelm Willms arbeitet mit dem Mittel der Collage und der Ver-

fremdung. So erscheinen einem altbekannte Dinge, die eben deshalb vielleicht fast tot sind, in einem ungewohnten Licht. Die erstarrten Worthülsen werden abgenommen. Die Inhalte werden neu sichtbar. Das Wort wird zu neuem Leben fähig (auch eine Art Auferstehung). Hier wird nicht nur wiederholt, sondern das scheinbar Altbekannte bekommt neue Aspekte. Es wird interessant und zum Teil vielleicht sogar sehr fordernd ernst.
Die Collage verbindet bekanntes Sprachmaterial in einer Weise, daß neue Erfahrungen von Wirklichkeit und Sprache möglich werden. Die Collage möchte nicht etwas ganz präzise und simpel sagen, sondern stellt Beziehungsfelder und Verstehensfelder her. Aus neuen und altbekannten Worten entstehen neue Zusammenhänge. Vergangenheit und Gegenwart kommen in Spannung zueinander, und so entsteht vielleicht eine alte und neue taufrische Sprache, die „uns vom Tod erweckt".
Die Texte von Wilhelm Willms sind Texte zum Gebrauch, zum Singen, zum Aufführen, primär für den Alltag, für heute und jetzt. Darin liegt ihr besonderer Wert, aber sicherlich auch ihre Grenze, auch bei gutem Willen mancher Zuhörer bzw. Leser. Wichtig sind hier nicht primär der Text, der Stil und das Formale in sich, sondern die Stiftung von Kommunikation. Es soll eine Teilhabe am Glauben und an der Gemeinde hergestellt werden. Es empfiehlt sich, zu diesen Texten analoge Stellen der Schrift zu lesen. Von dort bekommen diese Gedichte ihren Geist und Sinn. Und das biblische Wort vielleicht wieder neues Leben. □

Jeder, der seinen Bruder haßt, ist ein Menschenmörder . . . Daran erkannten wir die Liebe (Gottes), daß jener für uns sein Leben hingab; auch wir sollen für die Brüder das Leben hingeben.

(1 Johannes 3,16f.)